中华复兴之光
辉煌书画艺术

石刻古风内涵

孙常福 主编

汕頭大學出版社

图书在版编目（CIP）数据

石刻古风内涵 / 孙常福主编. -- 汕头 ： 汕头大学
出版社，2016.1（2023.8重印）
　　（辉煌书画艺术）
　　ISBN 978-7-5658-2345-9

　　Ⅰ．①石… Ⅱ．①孙… Ⅲ．①石刻－介绍－中国－古
代 Ⅳ．①K877.4

　　中国版本图书馆CIP数据核字 (2016) 第015267号

石刻古风内涵　　　　　　　SHIKE GUFENG NEIHAN

主　　编：孙常福
责任编辑：邹　峰
责任技编：黄东生
封面设计：大华文苑
出版发行：汕头大学出版社
　　　　　广东省汕头市大学路243号汕头大学校园内　邮政编码：515063
电　　话：0754-82904613
印　　刷：三河市嵩川印刷有限公司
开　　本：690mm×960mm　1/16
印　　张：8
字　　数：98千字
版　　次：2016年1月第1版
印　　次：2023年8月第4次印刷
定　　价：39.80元
ISBN 978-7-5658-2345-9

前 言

　　党的十八大报告指出："把生态文明建设放在突出地位，融入经济建设、政治建设、文化建设、社会建设各方面和全过程，努力建设美丽中国，实现中华民族永续发展。"

　　可见，美丽中国，是环境之美、时代之美、生活之美、社会之美、百姓之美的总和。生态文明与美丽中国紧密相连，建设美丽中国，其核心就是要按照生态文明要求，通过生态、经济、政治、文化以及社会建设，实现生态良好、经济繁荣、政治和谐以及人民幸福。

　　悠久的中华文明历史，从来就蕴含着深刻的发展智慧，其中一个重要特征就是强调人与自然的和谐统一，就是把我们人类看作自然世界的和谐组成部分。在新的时期，我们提出尊重自然、顺应自然、保护自然，这是对中华文明的大力弘扬，我们要用勤劳智慧的双手建设美丽中国，实现我们民族永续发展的中国梦想。

　　因此，美丽中国不仅表现在江山如此多娇方面，更表现在丰富的大美文化内涵方面。中华大地孕育了中华文化，中华文化是中华大地之魂，二者完美地结合，铸就了真正的美丽中国。中华文化源远流长，滚滚黄河、滔滔长江，是最直接的源头。这两大文化浪涛经过千百年冲刷洗礼和不断交流、融合以及沉淀，最终形成了求同存异、兼收并蓄的最辉煌最灿烂的中华文明。

五千年来，薪火相传，一脉相承，伟大的中华文化是世界上唯一绵延不绝而从没中断的古老文化，并始终充满了生机与活力，其根本的原因在于具有强大的包容性和广博性，并充分展现了顽强的生命力和神奇的文化奇观。中华文化的力量，已经深深熔铸到我们的生命力、创造力和凝聚力中，是我们民族的基因。中华民族的精神，也已深深植根于绵延数千年的优秀文化传统之中，是我们的根和魂。

中国文化博大精深，是中华各族人民五千年来创造、传承下来的物质文明和精神文明的总和，其内容包罗万象，浩若星汉，具有很强文化纵深，蕴含丰富宝藏。传承和弘扬优秀民族文化传统，保护民族文化遗产，建设更加优秀的新的中华文化，这是建设美丽中国的根本。

总之，要建设美丽的中国，实现中华文化伟大复兴，首先要站在传统文化前沿，薪火相传，一脉相承，宏扬和发展五千年来优秀的、光明的、先进的、科学的、文明的和自豪的文化，融合古今中外一切文化精华，构建具有中国特色的现代民族文化，向世界和未来展示中华民族的文化力量、文化价值与文化风采，让美丽中国更加辉煌出彩。

为此，在有关部门和专家指导下，我们收集整理了大量古今资料和最新研究成果，特别编撰了本套大型丛书。主要包括万里锦绣河山、悠久文明历史、独特地域风采、深厚建筑古蕴、名胜古迹奇观、珍贵物宝天华、博大精深汉语、千秋辉煌美术、绝美歌舞戏剧、淳朴民风习俗等，充分显示了美丽中国的中华民族厚重文化底蕴和强大民族凝聚力，具有极强系统性、广博性和规模性。

本套丛书唯美展现，美不胜收，语言通俗，图文并茂，形象直观，古风古雅，具有很强可读性、欣赏性和知识性，能够让广大读者全面感受到美丽中国丰富内涵的方方面面，能够增强民族自尊心和文化自豪感，并能很好继承和弘扬中华文化，创造未来中国特色的先进民族文化，引领中华民族走向伟大复兴，实现建设美丽中国的伟大梦想。

目录

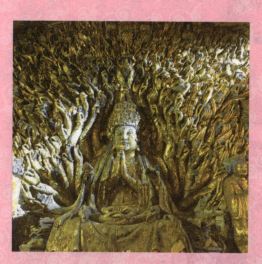

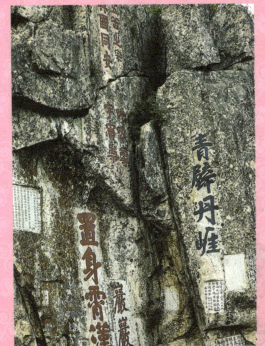

泰山石刻

大足石刻

　　大足石刻是重庆大足县内102处摩崖造像的总称，其规模宏大，刻艺精湛，内容丰富，具有鲜明的民族特色，具有很高的历史价值，在我国古代石窟艺术史上占有举足轻重的地位。

　　大足石刻最初开凿于892年，历经后梁、后唐、后晋、后汉、后周五代至1162年完成，历时270年，余韵延至明清，历经沧桑，是一座历史悠久的石窟艺术宝库。

三教合一与石刻艺术

在我国，儒、道、佛"三教合一"是各种文化在中华民间的融合过程，而它们反映在从古至今的文化活动中，就是流传后世的各种具象作品，而重庆的大足石刻则是其最突出的最有代表性的典型例证。

在我国古代传统思想中，儒家思想大部分时间占据主流。这是由于汉武帝接受卫绾、田蚡、董仲舒等人的意见"罢黜百家，独尊儒术"，以及后来作为官方思想的"理学"，都是以批判佛老异端、继承儒家道统为旗帜的。而且，作为儒家思想文化的代表著作"五经""十三经"，也一直被历代封建统治者奉为中华文化的基本典籍，因此，儒家思想获得了正统地位，被视作中华文化的代表。

然而，在中华传统文化的发展过程中，还存在着除儒家思想体系以外的其他许多学派思想体系，如道家、法家、名家、阴阳家、墨家，以及后来传入我国的佛教等。

儒道两家前后形成于春秋末期，但在春秋末至战国初，则是儒墨两家的对立最为尖锐的时期，在社会上的影响也最大，被称之为当时的两大"显学"。

道家学派发展至战国中期的庄子等人时，开始被广泛传播，从而成为先秦时期与儒墨鼎足而立的三大学派之一。战国中后期，在文化思想方面出现了一个诸子百家竞相争鸣的繁荣局面。这时，一方面是各学派内部的大分化，《庄子·天下篇》谈到当时的道家，有"彭蒙、田

骈、慎到”"关尹、老聃"和"庄周"三家之别。

　　魏晋时期的玄学，标志着儒道思想在冲突中的进一步渗透和融合。王弼所谓"圣人体无，故言必及有，老庄未免于有，故恒致归于无"，已熔儒道有无之说于一炉。

　　至于郭象，在《庄子注》中高唱"内圣外王"之道，所谓"圣人虽在庙常之上，然其心无异于山林之中"，则真可谓将儒道两家主要思想，融会到了无法再分你我的境地。

　　因此，王弼、郭象的玄学体系，在我国思想文化的发展史上，有着重要的地位，它对以后的宋明理学，有着极深的影响。

　　儒家和道家的思想有其根本的区别，随着佛教传入我国、道教的宗教化以及儒家的神学化，三家的关系在鼎立的基础上开始了相互融合的历史。

　　佛教至东晋南北朝时开始在社会上，特别在思想文化方面，产生了广泛影响。在后秦的首都长安，以鸠摩罗什为首的译经场，形成了我国历史上第一次大规模翻译佛教经典的高潮。当时南北高僧居士辈出，终于使佛教成为足以与儒道两家相鼎立的一种理论势力，且透露出压倒儒道的趋势。

　　佛教发展的迅速，也促使儒家和道教的关系产生了微妙的变化，道教也开始从佛教中吸取诸如仪式的完整等方面的优点，士大夫也把佛教作为退隐的依托，同时佛教也开始运用中国化的语言和借用儒道两家的术语来宣传自己的教义。

　　经过南北朝皇室的崇佛和灭佛运动，佛教却在我国民众的生活中产生了广泛的影响，从而隋唐以来佛教不再是上层阶级的精神奢侈品，而成为了广大民众逃避现实的避难所。

　　五代到宋代这个时期的宗教形式比较复杂，民众对宗教的态度也开

始变化。虽然唐代把道教放在国教的地位上，但是它在下层民众中的影响并不如佛教。

五代诸多皇帝如前蜀王建等继续推崇道教，又由于战乱使得许多士大夫隐逸于道教之中，为后来宋代道教的再次繁荣提供了基础。

佛教在唐代是最为繁荣的，随着佛教中国化的发展，中国式的派系得到繁荣，他们从另外一个角度来解释佛教，把我国传统的观念纳入佛教之中，并大量著书立说。

同时，伪经的出现也为佛教的中国化创造了经典依据，虽然五代后周世宗灭佛，但并不影响宋代佛教的繁荣。

宋代的佛教已经不像唐代那样诸家并立，此时禅宗独胜，上层士大夫沉迷于谈禅讲道之中，下层民众却多希望往生西方极乐世界，净土宗已经以其独特的优势融入佛教各派之中。

这时的密宗已经呈现民俗化形式，与唐代开元年间的纯密大相径庭，它把显派教义融入其中，形成了后期密教。

随着君主专制集权的加强，封建统治阶级也加强了思想控制，提出"以佛治心，以道治身，以儒治世"。从而奠定了三教大融合的格局。其标志有三：一是新儒学即理学的产生；二是佛教禅宗的建立；三是全真道教的出现。

金代王重阳在山东创全真道教，在教义、教制、教规以及内丹修炼方面，都贯彻了三教合一的思想。教义集中体现在"全真"两字，"个人内修的真功"与"济世利人的真行"，兼备而两全。这是一种高级形式的融合，所以"世以为非儒非佛，漫以道教目之"，"若必以为道教，也道教中之改革派耳"。

因此，"三教合一"是佛教日益中国化之必然历史趋势，而反映在民间文化活动中，大足石刻则是其最突出的最有代表性的典型例证。道教、儒家与世俗之神占造像的近20%，这是其他地区石窟不能相比的。300多尊20多种观音，占佛经所提出的种种观音名讳的60%还多。

大足石刻的造像题材，充分体现了宗教人间化的进程。题材中有：经变、佛、菩萨、明王、天王、护法神、佛教史迹、瑞相图、道教神系诸神、儒家人物、民间传说诸神、历史人物、供养人、神兽、器物、山水等。

其中观音、地藏、西方净土变、牛王菩萨、七佛、千佛等13种题材是大足石刻从唐至明、清长盛不衰的。92头水牛的造像，更为别处罕见。从这些题材特点可看出宗教神化世界乃是人间世界的幻化，也说明了佛教与当地民俗风情、生产劳动和生活的融合。

大足石刻的这种文化现象作为实物例证，反映出在我国文化史上儒、道、佛三家长期以来既斗争又融合，至宋代时"孔、老、释迦牟尼皆至圣""惩恶助善，同归于治，三教皆可通行"的"三教合流"思想占主导地位的局面已经巩固。

大足石刻不仅有规模巨大的佛教造像和体系完整的道教造像，还有石窟造像中罕见的纯儒家造像，而且"三教""两教"合一的雕刻也很多。

大足石刻在宝顶山、北山等区造像主要为佛教造像，这和佛教，特别是密宗在这一地区的信仰有很大关系。北山造像为唐末开凿，毗沙门天王和千手观音等密教造像一直延续至宋代造像中，可见这一地区的佛教信仰在数百年中都极为兴盛。

知识点滴

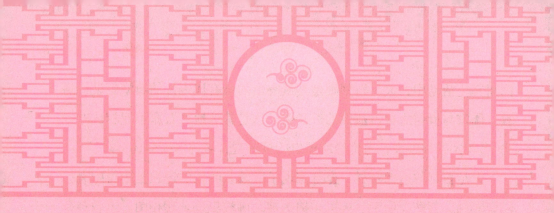

韦君靖首开大足石刻

　　重庆大足在758年建县，以其境内有大足川，即后来濑溪河而得名，蕴含"大丰大足"之意，隶属于昌州。大足处在川东和川西地区的交接地带，居成都和重庆两大城市之间，地理位置凸显重要。永昌

军寨所处位置四周陡峭，深谷环绕，山顶呈二至三级的阶梯形，陡坡多为10米至20米高，古时称为台地。

大足石刻中最早的是凿于650年唐初的尖山子摩崖造像，其后200多年间仅新开凿圣水寺摩崖造像一处。这两处初、中唐造像总共不过20龛。直至885年昌州迁治大足后，摩崖造像方渐渐大兴。

唐朝局势震荡之时，陕西扶风人韦君靖在当地召集义军，并组建了一支强大的地方武装，为朝廷立下显赫战功。892年因战功卓越，韦君靖升任昌州刺史及静南军节度使，掌握昌、普、渝、合四州军权。

但此时的两川之间，"江涛未息，云陈犹横"。韦君靖感到兵马虽精，然而城栅未固，在这样的背景与心态下，于是韦君靖在北山修建永昌寨，以保存实力，静观其变。

韦君靖熟读兵书并擅长布阵，他将永昌军寨间的台地布置成迷魂

阵。传说他受诸葛亮的八卦阵启发，在永昌取石布成，使军寨内藏玄机，变化万端。

过去，军寨台地内筑有敌楼100余所置于山峰及城堡之上。永昌寨墙与石磴道南侧的岩壁相对而成30度的夹巷，这样的构造在军事古寨中极其罕见，可利用地形对侵入者用滚石檑木攻击。

史料对永昌寨有记载：峥嵘12峰，周围14千米，建敌楼200余所，筑城堡2000余间，粮贮10年，顿兵数万。从地图上看，军寨形如一头展翅的双头鹰，整个寨子由郭家坡到马脑壳2.7千米，边界周长1.5千米，军寨面积3000多平方米。

正是由于永昌军寨的存在，使昌州经济在唐朝末年至宋代居全川前列，无论从经济从人文风范方面都保证了大足石刻的兴盛。

韦君靖在营建"粮贮十年，兵屯数万"永昌寨的同时，首先招募画师工匠，开始在北山凿刻千手观音。因此在大足人的心里，永昌寨主韦君靖是个英雄。

根据唐朝皇帝崇尚佛教的风气、晚唐的战乱和永昌军寨的建筑水平及规模来判断，韦君靖建军寨，是为了给从长安出逃入蜀的皇帝提供"避难所"。

大足石窟中最先映入眼帘的第一尊大型雕像，名字叫"毗沙门天王"。他身躯硕壮，怒目圆睁，威武逼人，似有力拔千钧之势。

毗沙门天王是佛教中的四大天王之一，随着佛教的东传被尊为护国天神，相传他有退敌神功。有趣的是这位来自印度的天神，身上竟披着我国古代武将的盔甲。据说，韦君靖造此像有自我比附为唐之毗沙门王之意。

传说，742年，安西城被番兵围困，有表请救援。但路途遥远，救兵难到，唐明皇即让不空和尚请北方毗沙门天王神兵救援。于是天王金身出现，大放光明，同时有"金鼠"咬断敌军弓弦和铠甲绳，神兵着金甲，击鼓声震150千米，地动山崩，番兵大败。

唐玄宗闻奏大悦，命令诸道节度，所在州府于城西北及营寨并设其像供养。此后，毗沙门天王像被军旅视为保护神，可得"神力"，故永昌寨

韦君靖篆刻此像。而在大足石刻中的韦君靖像旁，当时的静南县令胡密留下了一通重要的史碑，即韦君靖碑。

《韦君靖碑》立于北山石记得园，记载了唐末政治、社会动乱纷争的状况，以及韦君靖为挽救唐室而修建永昌军寨和开创北山石窟等史实。

据《韦君靖碑》记载其"良工削墨，大匠设规"，前后修建3年多时间，才形成如此非凡的规模，而且出于长远战事考虑，军寨内还备有家田设施。永昌军寨如此大规模地屯兵积粮，绝不仅仅是为了对付川东和川西的战乱。

处于封建王朝鼎盛时期的唐朝，随着佛教的传入与传播，佛教文化及石刻造像艺术登峰造极。当时，全国上下大兴寺庙，广造佛像，遍地香火不断。唐代帝王信佛已久，虽在衰退之际，即便在南逃途中，也不忘见佛拜佛见庙烧香。因此，作为南逃安顿之地的大足永昌寨，就必须要有佛像来供皇帝参拜才行。

据史料记载，在开凿北山石窟的第四年，前蜀王王建攻东川，华洪率兵破昌、普、渝三州，韦君靖寨门失守，不知去向。此后由王宗靖取代了韦君靖，担任刺史，继续在北山造像。

但也有另一种说法，说王宗靖其实就是韦君靖，认为韦君靖在王建对东川的进攻中，意图自存，于是归降了王建，成为王建的义子，并改名叫王宗靖，他于唐乾宁三年在北山继续开凿佛像。

在韦君靖首开大足石刻之后，州、县官吏和当地士绅、平民、僧尼等相继效法，907年至965年间，四川为蜀国，史称前蜀、后蜀，营造佛像不断，形成大足石刻史上第一个造像高潮。

不管是韦君靖还是王宗靖，都只是拉开了开凿大足石刻的序幕，真正把大足石刻推向极致的，是后来大足县城东北的宝顶摩崖石刻。

965年至1077年，摩崖造像停滞，全县未发现一龛当时的纪年造像。1078年至1173年的近百年间，大足石刻造像掀起第二个高潮。

1082年大庄园主严逊舍地开凿石篆山佛、道、儒"三教"造像区起，县境内摩崖造像此起彼伏，先后开凿出佛教、道教和"三教"造像区32处。南山、石门山造像区和北山多宝塔均于此间建成。而韦君靖首开的892年的北山造像区，历时250多年，才于1146年终于建成。

知识点滴

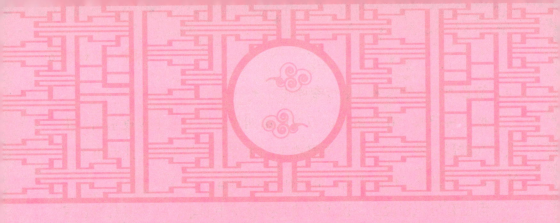

赵智凤再掀石刻高潮

　　在韦君靖开凿北山石刻280多年之后，一位身穿袈裟、头顶斗笠的僧人，经过长途跋涉，回到了久别的故乡，他就是赵智凤。

　　赵智凤，法名智宗，南宋昌州，即今重庆大足人。5岁时在家乡古

佛岩落发为僧，16岁时外出云游，曾只身从大足前往四川西部的弥牟镇，进入由四川密宗始祖柳本尊创建的"圣寿本尊院"，学习密宗大法。

1179年，赵智凤作为密宗的"六代祖师"，学成返乡，返乡后传密宗柳本尊法旨，承持其教，并请工匠首建圣寿本尊殿，因名其山称宝顶。虽说他不是开凿大足石刻的第一人，却是他把大足石刻的造像艺术推向了极致。

大足石刻宝顶山的造像主要为南宋时期开凿，也是大足石刻最为繁荣的一个时期，这与赵智凤的努力是分不开的。其造像有明显整体构造的痕迹，从中可以看到南宋淳熙至淳祐近70年的佛教发展情况。

1174年至1252年的这70余年间，时称"六代祖师传密印"的赵智凤承持晚唐川西柳本尊创立的佛教密宗教派，于宝顶山传教。

赵智凤发大宏愿，普施法水。按密宗道场的格局，精心设计，巧妙安排，在宝顶山"U"形沟中一次性雕琢了上万躯佛像，极大地弘扬了密宗佛教。

为了向百姓更有效地宣讲佛教义理，赵智凤决定把佛经里的故事、人物按照事先的统一设计，依次刻在宝顶山大佛湾的崖壁上。使义理深奥的佛经，变成一幅幅通俗易懂、图文并茂的石刻"连环画"。

其间，县境其他处造像基本停滞，四方道俗云集赵智凤座下，石刻高手聚集宝顶山竞技献艺。宝顶山成为我国佛教密宗成都瑜伽派的中心地。宝顶山自古以来便是游客览胜、信众朝山进香、僧侣说法传经的集中地，历来每年的农历二月十九前后，相传此时为千手观音的生日，游客如云，数以万计。

宝顶山位于大足县城龙岗镇东北的内山岩上遍刻佛像，包括以寿寺为中心的大佛湾、小佛湾造像。

以大足大佛湾为主体，小佛湾次之，分布在东南北三面。巨型雕刻360余幅，以六道轮回、广大宝楼阁、华严二圣像、千手观音像等最为著名。

宝顶大佛湾处有川东古刹圣寿寺，创建于南宋。庙宇巍峨，雕梁满

目，坐落于山势俊秀、环境幽雅的林木之中。寺侧南岩为万岁楼，这是一座造型别致的二层飞檐翘角楼阁。

宝顶山有总体构思组织开凿而成，是一座造像近万尊的大型佛教密宗道场。同时，也是大足石刻精华之所在，并把我国石窟艺术推上了最高峰。

宝顶山大佛湾虽是佛教造像，但一方面讲儒家入世思想"孝养"学说，一方面又讲佛教的业力果报出世求净土。

圣寿寺依山构筑，雄伟壮观，创建后曾经遭到元、明兵燹的毁坏，到明朝和清朝曾经两度重修。存有山门、天王殿、帝释殿、大雄殿、三世佛殿、燃灯殿和维摩殿七重殿宇，为清代重建。

大佛湾位于圣寿寺左下一个似马蹄形的山湾。造像刻于东南北三面崖壁上，通编为第31号。其内容前后连接，无一雷同，犹如一幅图文并茂的画卷。

大佛湾雕刻大小造像万余躯。另有记载宝顶山造像由来和佛教密宗史实的碑刻7通，宋太常少卿魏了翁等题记17则，舍利宝塔2座。

大佛湾石刻造像依山势崖形雕刻，浮雕高大，题材广泛，龛窟衔接，布局雅谨，整体感强，气象壮观。佛像构思新奇，雕刻技艺娴熟，

世俗色彩浓郁。内容多属佛经故事。

大佛湾石刻珍品比肩接踵。主要造像有"护法神像""六道轮回""广大宝楼阁""华严三圣像""千手观音""释迦牟尼涅槃圣迹图""父母恩重经变像""地狱变像""圆觉道场""牧牛道场"等，形象逼真，寓意深刻。

小佛湾位于圣寿寺右侧，坐南面北，其主要建筑为一座石砌的坛台，坛台上用条石砌成石壁、石室，其上遍刻佛像和菩萨像，通编为第9号。

宝顶山主要为佛教密宗派造像道场，从开始讲起，印度金刚智、不空和尚相继来华，与善无畏一起传播密教，并称"开元三大士"，先后为三代传人，并传给惠果禅师，惠果禅师也因此成为密宗第四代传人。惠果之后又经过了30年左右，出现柳本尊。此后250多年，发展与坎坷同在，直至赵智凤承袭密宗衣钵，成为密教的传人。

后期密教特点是融合显密，吸纳百宗，重视仪轨，同时体现出对于孝道的重视、对于苦难解脱的重视以及往生净土的重视等。经过70多年的艰苦努力，宝顶山摩崖造像于1252年基本完工。

赵智凤以弘扬佛法为主旨，清苦70余年，四方募化凿造佛像近万尊，建成了我国佛教密宗史上唯一的大型石窟道场，使大足石刻造像达到鼎盛。这时的赵智凤，也已经由一个血气方刚的小伙子，变成了年逾九旬的老人。他终于实现了自己的夙愿，把宝顶山建成了全国最大的佛教密宗道场。

892年至1252年的360年间，大足先后建成佛教、道教和"三教"造像区34处，造像数量占大足石刻总数的80%左右。其中除北山摩崖造像始凿于892年外，其余均为1082年至1252年的170年间建成。

南宋晚期，北方蒙古军团南下，大足石刻因战乱导致造像中断。至明代永乐年间，摩崖造像方渐复苏，一直延及晚清。

15世纪初至19世纪末，大足石刻共有摩崖造像39处，其中虽不乏佳品，但多为小型造像区，造像数量也不足大足石刻造像总数的20%。

13世纪末和17世纪中叶，大足曾两度遭受破坏。五山摩崖造像中，除宝顶山圣寿寺两次焚毁、两度重修外，摩崖造像终于保存了下来。

重庆大足宝顶山石刻的造像虽然以密宗为主，但是也把禅宗、净土宗、华严宗等派的思想纳入其中。

宝顶山造像中推崇密教题材的千手观音像等，同时把本地化的密教领袖柳本尊和赵智凤本人作为重要造像主体，可见后期密教不仅中国化程度已经极高，并实现了本土化。

宝顶山同时期反映禅宗题材的《牧牛图》，反映华严思想的《华严三圣》，表现圆觉经的圆觉洞造像等也在宝顶山石刻中占据重要位置。

知识点滴

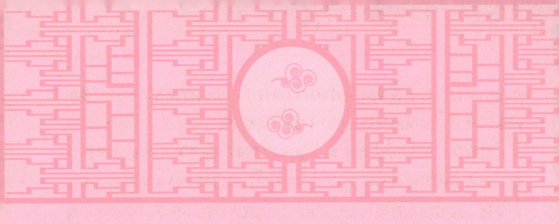

大足石刻的精湛艺术

　　大足石刻是佛教文化与我国传统文化融合的杰作，历史悠久，造像星罗棋布。宝顶卧佛是宝顶大佛湾最大的一尊造像，也是大足石刻最大的一尊造像，全长31米。因为这尊佛像是横卧着的，人们就俗称叫卧佛。而在佛经里却没有这种叫法，应该叫释迦牟尼涅槃圣迹图。

释迦牟尼头北脚南，背东面西，右侧而卧。两眼半开半闭，似睡非睡，安详，平静。在释迦牟尼面前从地里涌出十八弟子，或内向，或外向，或合掌而立，或手捧香花水果，或手持如意，或侧首伫望，皆做悲恸状。表现了弟子对逝者崇敬厚爱而依依眷恋之情。

佛像的正中有一香案，上面摆着香花、水果等各种供品。香案上香烟缭绕，上达云端。云端上有女像9人，有说是天女，有说是释迦牟尼眷属。

全国各地都有全身卧佛像，但唯有宝顶山这尊卧佛是半身像，他下半身隐入石岩之中。这种意到笔不到的手法，有种于有限中产生无限联想的艺术效果。故大足民间对宝顶山卧佛有"身在大足，手摸巴县，脚踏泸州"的说法，给人以无限想象的空间。

宝顶大佛湾南岩西边有一个较大的石窟，那就是圆觉洞。洞口有一只做奔突怒吼状的石狮，夹巷崖面上刻有"宝顶山"3个大字，是南宋理学家、诗人魏了翁的手笔。

圆觉洞内正壁刻三身佛，两侧刻12圆觉，左右各6尊。下有基座，6个基座相连，形成一个整体。在正面佛坛下，有一张巨大的长方形供案。供案下面跪着一尊菩萨，代表12圆觉，低头合掌，乞请佛祖说法。

圆觉洞是大足石刻代表作之一。洞内石雕，刻画细腻，造型优美。袍袖飘带轻柔宛转，如绢似绸。两壁的12圆觉及其连成一体的基座，它们是从沿内的岩石中剥出来的，整个圆觉洞就是一件镂空的艺术品，它科学地解决了大型石窟的声、光、水处理难题，令人赞叹不已。

聪明的雕塑大师在进口处的窟顶上凿了一个小天窗，日光从天窗斜射下来，正好照在窟内主像上，像舞台上的聚光灯，巧妙地解决了采光问题。

圆觉洞的排水工程也很巧妙。它的特点是，只听水声响，不见山水流。人们是看不见排水道的。下雨的时候，站在洞内谛听，就能听到"嘀嗒嘀嗒"的声音却看不见水在哪儿流。原来东壁靠里刻了一个托钵僧，他仰着头，左臂高擎，掌中托钵。窟顶的雨水汇集成一股细流，经孔道流进钵内，钵有孔，与暗藏在托钵僧后面的排水道相通，水流经东壁和窟底排水道排出窟外。

这个大窟的支撑手法也是别出心裁的，窟高6米，宽9米，深12米。如此高大的洞窟中间没有支柱而千年不坠，其奥妙在于它巧妙地只开小窟门而不开大窟门，使整个洞窟成为帐篷状，四周落地取得环围整体支撑效果，因而加强了对整个窟顶的支撑力，增大了支撑点。这一手法还给洞窟造成了幽深神秘的气氛，平添了几分妙趣。

宝顶大佛湾牧牛图画面长27米，高5多米，全图随着山岩地形的弯曲，巧妙地结合岩壁上的流水，刻出崎岖的山径，静美的林泉。在这大自然的美景里，刻出10个牧童放10条水牛。

图中牧童或袒胸憩睡、或牧歌高奏、或并肩谈笑、或挥鞭打牛、或牵牛徐行，牛儿或卧、或息、或吃草、或饮水、或昂首舔食、或控勒不可遏制。这些逼真的造像，情景交融，风趣盎然，表现了宋代牧童生活，似史诗般的载入石刻史册。

牧牛图右刻"朝奉郎知润州赐紫金鱼袋杨次公证道牧牛颂"，可知此图系根据宋代大臣杨次公的牧牛颂而作。

牧牛图刻10组造像，每组一则颂词，第一组为牧牛遇虎组雕，共刻3组造像，出口右面刻一猛虎，头朝下，尾向上，做下山姿势，暴眼圆睁，象征邪恶，好似向牛群扑来。

牧牛遇虎组雕第一组，一牛昂头怒吼狂奔，一牧童在牛后而立，双手用力牵拽，作相持状。牛头右侧刻颂词："突出栏中莫奈何，若无纯绻总由他。力争牵上不回首，只么因循放者多。"

牧牛遇虎组雕第二组，一牧童背上背斗笠，右手举鞭打牛，左手牵牛绳，牛勉强回头。

牧牛遇虎组雕第三组，一牛奔跑下山，一牧童头扎发结，身穿对襟衣，左手扬鞭，右手牵牛，立于牛首之侧。上方刻颂词：

芳草绵绵信自由，不牵终是不回头。
虽然牛似知人意，万去低昂不易收。

牧牛图第四组为雨中牧牛组雕，刻一牧童头戴斗笠，背上捆一鸟笼，爬山遇着狂风暴雨，一牛随之而来，立于山岩间。

牧牛图第五、第六组为并肩谈笑组雕，刻两牧童并肩相依而坐，他们相互耳语，谈笑自若。右旁一牛站立，偏着头竖着耳，仿佛在倾听主人的话语，左旁一牛卧下吃草饮水。

牧牛图第七组为握绳缚牛组雕，刻一牧童，面带笑容，头扎二个发髻，眼视前方，左手握绳、右手指牛，准备前去缚牛，形象生动。

牧牛图第八、第九组为牧歌高奏组雕，第八组刻一牧童偏头斜睨，笑嘻嘻地拍手与牧歌相和，牛在旁低头伸舌舔足蹄。

牧牛图第九组刻一老牧人将牛赶至危岩耸立的岩壁下，让牛儿痛饮那流淌的山泉，他又抑制不住内心的喜悦，倚岩而坐，双手横笛、凝神吹奏牧歌，那悠扬动听的笛声，唤来放牧的同伴及天上的仙鹤。牛后有颂词一首："全身不观鼻嘹天，放者无拘坐石巅。任是雪山香细草，由疑不食向人前。"

牧牛图第十组为袒胸仰睡组雕，刻一牧童在树荫下，袒胸裸腹仰身憩睡，旁一调皮的小猴却从树上爬来摸着牧童的头，唤他醒来都不知道。他放牧的牛儿，饱餐山中的野草后，也在一旁卧地休息。

最后刻赵智凤像，结跏趺坐，头上有题诗，写道：

无牛人自在安闲，无住无依性自宽。

只此分明谁是侣，寒山樵竹与岩泉。

古代工艺匠师们在封建时代里，而又在为宗教造像，所雕的题材是要严重受到宗教束缚和限制的。牧牛图是属佛教题材，以猛虎威吓，迫使牛儿狂奔怒吼，经过牧人的驯服，最后人和牛睡下安静了，这是以"牧牛比喻修心"的方法。

这幅图由于匠师们生活于民间，对牧童生活有浓厚的感情，故在造像过程中，以高超的艺术技巧，使人们看后，不为宗教题材内容所惑，反而觉得是宋代牧童社会生活的一部"史书"。

　　宝顶经目塔原名本尊塔，又名祖师塔。因塔上刻有《武周刊定众经目录》，遂定名为经目塔。经目塔在宝顶小佛湾，是用石砌成的亭阁型四方形飞檐塔，坐南朝北，高7米，分3层，每层都有飞檐隔开。

　　第一层塔正面中部有一圆龛，龛中坐一鬈发人。檐口榜书"佛说十二部大藏经"8字。塔的其他三面密密麻麻刻着佛经目录。

　　第二层塔正面龛内刻毗卢佛一尊。东面，龛内刻卢舍那佛，龛外两侧刻偈语：

假使热铁轮，于我顶上旋，

终不以此苦，退失菩提心。

　　西面龛内刻释迦牟尼佛，两侧有偈语。南面，龛内刻一鬈发人，两旁也有偈语。塔身各面的圆龛下方密刻佛经目录。

第三层每面都刻坐佛一尊。经目塔上有许多怪字，一般字典辞书难于查找。塔上刻的众多的佛经目录，是珍贵的历史文献。

塔原名祖师塔，或许是塔下埋着古代圣寿寺高僧的遗骸，或许塔内藏有经书。塔上刻的偈语，有的能理解，有的则令人扑朔迷离。

登上宝顶山，圣寿寺山门上悬匾额一方，书"圣寿寺"3字。庭院两侧是四大天王殿。前方大殿上高悬一张匾额，书"圣寿禅院"4字，红底金字，熠熠生辉。

第一重是玉皇殿。殿内塑玉皇大帝像，旁边侍立金童玉女，两侧配祀关圣帝君、文昌君。再往里走是大雄殿，塑大日如来丈六金身。背景塑天龙八部，顶上站立大鹏金翅鸟，显出灵鹫仙境，妙丽庄严。

第三重为三世化殿。佛坛上塑三世佛，两侧塑十六罗汉，姿态各异，顾盼如生。

第四重为燃灯殿，供燃灯佛。

第五重是维摩殿，殿中佛坛上刻石床一张，床上刻作卧疾状的维摩诘居士像。居士上方刻一宝座，文殊菩萨端坐其上。

据《维摩诘经》载，维摩诘居士精通佛理，常伪装患病，当别人前来问疾时，他就大谈佛法。释迦牟尼曾命文殊菩萨前往问疾。文殊多才善辩，俩人谈佛学，妙语连珠，滔滔不绝。殿内石刻就是展现文殊问疾的场面。

圣寿寺是南宋大足僧人赵智凤所建，因晚唐密教居士柳本尊在广汉所建寺院曾得到宋神宗的赏识，敕号"圣寿本尊殿"，赵智凤为纪念祖师柳本尊，因此仍以"圣寿"命名。

在宝顶山大佛湾东面500米处的小山头上，矗立着一座转法轮塔，八角形。此塔因上大下小，与通常所见的塔不同，人们把它叫做倒塔。

倒塔八面四级。第一级塔身每面宽一米，每面都镌有一个椭圆形浅龛，龛内立一尊菩萨，头戴宝冠，胸饰璎珞，栩栩如生。

第二级八面各开一椭圆小龛，龛内刻一尊佛像，结跏趺坐于莲台上。

第三、四级与第二级略似。塔顶端稍向外突出，顶上堆有乱石。由此看出，倒塔可能是未竣工的宝塔，可能是原拟建一腰鼓形塔，建至第四级时因故未竣工，致使外形上大下小成了一座倒塔。

北山佛湾宋刻转轮经藏窟，俗称心神车窟。这窟造像秀美，雕刻精细，整体安排和谐协调，对比强烈，保存完好无损，是宋代石刻的精华和代表。

转轮经藏窟坐东朝西。窟正中凿一巨大八角中心柱。柱础高大，蟠龙缠绕，柱础上有八角露盘。

露盘周边浮雕栏杆，栏杆上有数十嬉戏儿童，天真顽皮，活泼可爱。柱上部做八面形高厚顶盖，每面以楼阁宝塔为饰。柱中部镂空环列八柱，支撑于露盘之上，顶盖之下，成八柱亭式法轮形制。

此转轮中空透光，圆满地解决了支撑和采光的矛盾，真是匠心独具。转轮经藏表示法轮常转，佛法无边。窟正壁刻释迦牟尼，左右刻迦叶、观音和阿难、大势至侍立两侧。左右壁两组造像对称，左刻文殊菩萨、玉印和如意观音，右刻普贤菩萨、日月和数珠手观音。三壁有供养人像6身。窟口两侧各立一护法金刚，威武凶猛。左右壁雕像个个性格鲜明，尊尊气质不同，各具风采，精美绝伦。

左壁文殊菩萨，结跏趺坐于莲座，莲座架在青狮背上，吼狮昂首扬鬣，好似奔驰于理想之地。手握经卷，两目平视远方，嘴唇柔薄上翘，表示他博学广闻，多才善辩，给人以精力充沛和自负的神情。

他眼睛微闭，敛指胸前，似在沉思。他头戴方形宝冠，身着褒衣博带，胸前璎珞精巧细腻，面貌圆润，鼻梁高挺，双眼细长半垂，手臂手指秀美、灵巧，被艺术家誉为"东方美男子"。

右壁普贤菩萨，结跏趺坐于莲座，莲座置于白象背上。宝冠以佩玉、珠链、花草为饰，刻纹婉转流丽。隆鼻、长眼而目光向下，薄唇而嘴角微微后收，泛起一种似笑非笑、欲笑又忍的神情。他脸型清秀、圆润，身材修长，上身向前微倾，凝神深思，端庄透温柔，文静含妩媚。

玉印观音，也叫宝印观音，结跏趺坐于金刚座上。

宝冠纹样类几何形，或椭圆，或三角，条条线条皆由颗颗珍珠串联而成，整个宝冠玲珑剔透，项下璎珞繁饰，历800多年而无一损毁。

玉印观音胸前丝巾绾结下垂，衣带错落繁复飘然座下，中间一条彩花腰带，环钏、佩玉、花瓣相串甚为别致。面颊丰满，肌肤细嫩。嘴唇由几块方块组成，没有圆润感。

日月观音，又称六臂观音。结跏趺坐金刚座上。宝冠以花草为纹而无璎珞，镂空别致。日月观音胸前璎珞或串珠浑圆，或玉佩绫形，或莲瓣含蕊，或花蕾初绽，繁复对称，雍容华贵。鼻梁高棱，眼帘低垂，神情安详自在，端庄温和。她面庞丰满而有弹性，两只向上举的手臂圆润细嫩，胜似玉笋，肌肉质感特别强，实在让人惊叹匠师的雕刻技艺！

左壁如意珠观音和右壁数珠手观音，皆立于莲台上。如意珠观音，宝冠由珠环佩玉拥簇而成，冠上有坐佛，冠顶头巾半掩，嘴角似笑如忍，双手捧一如意珠置于腹前。相传如意珠是佛祖前生冒险入海取得的摩尼珠，能使世人富有。

数珠手观音，宝冠纹式团团卷卷，宛转回旋，变化无穷。脸庞椭圆、高额、细眉、隆鼻、长耳、双眼做垂帘之状。嘴角上翘带笑。两手相抚，亭亭玉立。两像装饰味特浓，天衣厚重，全身胸、腹、两袖及天衣下部都是锦花繁缨，珠珞玉佩，似可听至微风吹动的"叮当"妙音。繁缨衬托纤纤玉指的白嫩脸庞，更觉吹弹可破。

文殊、普贤面前的狮奴、象奴，玉印观音、日月观音前面的两对侍者都各具个性，特征突出，栩栩如生。此窟雕像有男有女，有老有少，真是集东方美人于一窟，称得上美神荟萃图。

北山佛湾的数珠手观音是一尊脍炙人口的精品。这尊雕像，头戴花冠，发丝垂肩；头向左侧低俯，目光下视，含颦欲笑；右手轻拈一数珠串，左手握抚扼右腕，交叉于腹前，身段窈窕，体态轻盈，显得悠闲自若。她袒胸露臂，衣裙飘拂，颇有静中寓动，"吴带当风"之趣。这尊数珠手观音从雕刻技巧上看，人体比例正确，动态自然，特别是对于面含微笑的处理，已达到出神入化的地步。

在北山佛湾《赵懿简公神道碑》两旁内外窟壁上刻有范祖禹敬书的《古文孝经》，被称为"环宇间仅此一刻"。在我国漫长的封建社会中，孝道被儒家学说认为是首要的人世伦理道德，主张"百行孝为先"。《孝经》又分《古文孝经》和《今文孝经》。

据传，秦始皇时，与儒家对立的法家人物掌权，搞了焚书坑儒，烧毁了儒家的全部经典著作，《孝经》也遭焚烧的厄运。

　　刘汉王朝建立后，当初侥幸跑脱的儒生凭着记忆记录下来的《孝经》，叫《今文孝经》。后来，又在孔子的旧宅，发现了孝经的原文，就称为《古文孝经》。今文只有18章，古文有22章。除古文"闺门章"没有外，其他内容是基本相同的，只不过是分段设章不同而已。

　　在宗教石窟里面刻佛经是比较多的，刻儒家经典则罕见。这也是北山《古文孝经》的又一价值所在。南宋《舆地纪胜昌州》列《古文孝经》条目，下载司马光语："始藏之时，去古未远，其书最真。"范祖禹也说："古文庶得其正。"对《古文孝经》作了高度评价。

　　多宝塔因其位于大足县城之北的龙岗山巅，故人们称之为北塔；又因观之是白色，人们也谓之白塔。在塔身内外，镶嵌有127龛造像，主要有释迦牟尼佛、观音、文殊、普贤、地藏、孔雀明王、摩利支天、双林法寂等造像。其造像内容丰富，表现形式生动活泼。进入塔内，拾级迂回而上，临窗四下眺望，大足县城和四周的山光水色，尽收眼底，令人心旷神怡。

知识点滴

　　关于多宝塔，传说颇多，或为鲁班所造，或为赵巧所造，或为神仙所造，或为晚唐末年昌州刺史韦君靖所造，或为历代人民所造。特别是冯楫造塔之说，流传甚广，也为普遍。

　　冯楫官衔颇多，相传其幼年丧父，其母于贫病交加之际，将其托养于他人，忍痛外出叫花谋生。冯楫成年后一直做官，官至劝农史，且思母心切，曾派人多方打听其母下落，皆杳无音讯，其50岁大寿时，与双目失明，成了叫花婆的母亲重逢。

　　冯楫将其母扶入家中，精心侍候，并请名医，为其疗疾。不久，其母双目重见光明，冯楫高兴万分，认为是佛和菩萨显灵，于是出资修了该塔，以示后人瞻仰。

　　传说归传说。考其史实，该塔确实为冯楫出资所造。

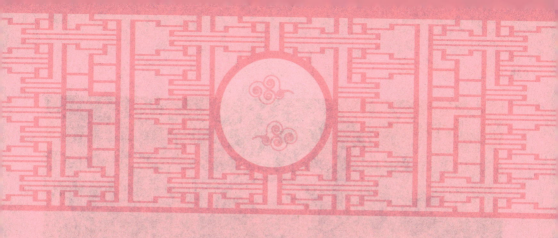

大足石刻蕴藏神奇传说

大足石刻除宝顶山道场为主持僧人募化集资开凿外，大多数是信众捐资求神灵保佑而镌造，并刻像入龛。这样挤入神龛之历史人物，供养人在大足石刻中大约1000人。

大足石刻的众多造像有很多神奇的传说故事，如媚态观音、九龙浴太子、鲁班仓的传说等，都各自有它的迷人之处。

在大足石刻北山的数珠手观音石像，被称为"媚态观音"。她身高不过1米，头戴宝冠，脚踏莲花，体态轻盈仿佛随风欲动，眼角嘴角含羞欲笑而又略略带羞，给世人留下深刻的印象。关

于这一尊石刻，有一个非常美丽的的故事，让后人为之动情。

传说，宋代有位老石匠想在北山雕一尊数珠手观音的女神像。可他设计了许多小样，都感到不满意。一天傍晚，他坐到小溪边洗脚，忽然身后传来一阵少女的笑声："瞧您的裤角都湿了。"

老石匠回头一看，原来是一位十三四岁的牧羊小姑娘。她那善良的心地和妩媚的样子，一下子激发了老石匠的灵感。

老石匠忘却了劳累，重返山上，披星戴月，鬼斧神工，照小姑娘的神态将这尊人情味极浓的女神石像一气呵成。

按佛教经文定名，这一石像应叫数珠手观音，但她一问世，立时名震北山，后人钦羡她的美貌，便给她起了个绰号叫"媚态观音"。

宝顶大佛湾有一尊石刻。刻太子裸坐于浴盆中，顶上石雕九龙，正中巨龙口吐泉水淋浴太子。这就是九龙浴太子的传说。

传说净饭王之妻摩耶夫人身怀有孕，出游临儿国中，手攀树枝，太子悉达多从其右腋下降生。

太子降生即能够行走7米，步步生莲，并一手指天，一手指地说："天上地下，唯我独尊。"时有9条神龙飞至太子头顶，口吐香水，为太子洗浴，诸天护法俱来守护。石代匠师巧妙地利用了自然形势，疏导岩上堰塘之水，结合佛经故事而创造出这一组石雕，龙口潺潺流水，终年不止，给人以新奇之感。

大足当地还流传着"鲁班仓"的故事：

相传大足宝鼎山上原先有48座庙宇，一座连一座，覆盖了一大片山林。每天傍晚僧人都要骑着马依次关闭各庙的山门。这些庙里的僧人多达上万。他们在这里诵经礼佛，四面的信众常到各庙烧香还愿。一时间香火鼎盛。

可是这盛况没维持多久，因为寺庙占了种庄稼的田土，就地供应粮食成了大问题。每天都要派年轻力壮的小和尚到山下各乡镇去担粮食，来回好几十里路程，是个苦差事。许多僧人受不了苦就偷偷地出走。有的还俗，有的投奔别的寺庙。那些地处高山的寺庙留下的僧人更少了。

这件事让方丈很苦恼。当时正在宝鼎山主持修建工

程的鲁班师傅得知此情况也十分忧虑。鲁班不光技艺超群，更有一副菩萨心肠。有一天，他向方丈表示："粮食的问题，我来解决。我保证每天供应各寺庙所需口粮，满足各位僧人和礼佛居士的斋饭。以3年为期。在此期间，庙里僧人要学会开荒种地，3年以后，要自给自足。"

方丈满口答应："不知师傅如何供应粮食？"

鲁班说："我连夜在宝鼎山大佛湾的南岩建一座大石仓。此仓开有一小洞口，每天天亮以前，从这小洞口流出大米，每天吃多少，流多少。明天凌晨就开始流出大米，只管派人来运米。"

从此，每天半夜，负责伙食的大和尚，带着几个小和尚，挑着10个大箩筐，一字排开，摆在鲁班仓小洞口前接米。到一定时候，停止流出大米。担回去的米全寺庙刚够吃一天，一粒不多，一粒不少。这件事一传十，十传百，四面八方的僧人们又陆续回到宝鼎山。宝鼎山各庙香火又旺起来了。

不知不觉过了3个月不忧口粮的好日子。可是伙房挑米的小和尚有些不耐烦了。他说要是一次多流些米出来，多管几天，也省事，这样每天半夜来挑粮食太束缚人，便把这些想法告诉了管伙食的大和尚。

这大和尚一听却生出来另外的想法。他想，要是把洞口开大，流量增加，一个晚上能多留些大米出来，吃不完的可以存起来，还可以拿到集市上换现钱花，越想越开心。

想罢，立即带上几个身强力壮的小和尚，带上大锤、錾子，来到鲁班仓，把原先流米的小洞口凿成了一个斗大的窟窿。当天深夜，这大和尚派了比平时多一倍的小和尚挑着几十个大箩筐到鲁班仓接米，可是等到大天亮，一粒米也没有流出来。他们慌了神，便搭上竹梯，爬进仓口去摸，哪有什么大米，只有些碎石渣了！他们忙将这事告诉了鲁班，请他再想办法。

鲁班深深地叹了一口气说道："我开这个米仓，原来是为了一桩心愿。有一位大财主，家财万贯，粮食堆积如山。可是膝下无子，想做善事积德，希望上天能赐给他们夫妇一个儿子。我这石仓的通道就直接连着那财主家的大粮仓。我精心计算之后，才留下这个小洞口。这样细水长流3年后，功德自然圆满，而各寺庙开荒种地也有了基础。如今成了这种结果，是我没有预料到的，现在已无计可施，看来这就是天意难违了！"

僧人们得知鲁班仓再也不能流出大米，于是，今天一个，明天一个，又陆续离开了寺庙。宝鼎山的香火也

就逐渐暗淡下来。最后只剩下圣寿寺一处了。这真是：

鲁班礼佛建米仓，贪心和尚太荒唐。
铸就大错后悔迟，留与今人慢思量。

大足佛湾有一处佛窟颇有些特殊：中壁的佛、菩萨已残缺；南、北壁密密麻麻刻满拳头大小的五百罗汉像；窟内当眼的地方，隆起一座坟墓，墓前有碑文，题为"西域禅师坐脱记"。它记载了一个来自西域的和尚游历大足的情况。

明神宗万历元年夏天，一个高鼻深目、碧眼虬髯的西域和尚，万里云游，路过大足，被境内的名山古刹和石刻造像迷住了。最初他想在县内逗留几天，待遍历禅林之后，再继续赶路。

哪知大足寺庙特别多，从夏天游至秋天，竟未游完，甚至还没登上宝顶。直至仲冬季节，西域禅师才得抽身上宝顶。一路上鸣禽引路，猿猴献果。但见农舍依山建，又疑古柏傍云栽。

西域禅师上了宝顶山，进圣寿寺朝拜毕，然后走进了"三千诸佛云中现，百万神仙海上来"的大佛湾，他惊讶得张大了嘴巴，唯有频频参拜，以示崇敬。他决定不下山了，就在宝顶挂单。

他爱宝顶山的清幽，常选游人罕至之处，于青草地上结迦趺坐——学佛教始祖释迦牟尼冥思苦索，想在宝顶山悟道成佛。

　　遗憾得很，这位西域禅师不懂汉语，无法与他人交谈，山中人见他深目高鼻，胡貌梵相，行为诡异，在好奇心的驱使下，不免要去打扰他。最初只是一两人远远地打探，后来便三五成群地围观。在山里人心目中，他是个行为古怪的"外国人"。禅师受到干扰，无法修道，于是起身挥手，口中发出"伊呜"之声，示意围观者散开。山里人不懂他的话，报之一笑。这更激恼了他，起而怒斥。人们见他脸色不好，才知他已生气。

　　有一天，一个带着几分醉意的樵夫碰到在青草地上盘腿打坐的西域禅师，便停下脚步，好奇地打量。禅师照例呵斥，并挥手示意，叫他走开。

　　樵夫仗着酒兴，偏偏不走。禅师发怒了，气势汹汹要打人。樵夫抓住禅师衣带，禅师往后一退，衣带被樵夫抓在手里。禅师索要，樵夫不肯，竟自扬长而去。

　　禅师失去衣带以后，十分懊恼，不愿再逗留，于是下山，住在报恩寺内。两月以后，死于大足。

　　他的死因是什么？按碑文记载，是樵夫掠去衣带引起。衣带中带着一种西域特产的石头，用它泡开水，喝了就不饿；那石头就是他旅途中的口粮。口粮被掠去，他也不想再活了，于是决定圆寂。

　　实际上，西域禅师是个苦行僧，他看准了大足这个地方，决定在宝顶

圆寂，企求得到解脱，跳出所谓"六道轮回"。他穿的僧衣和托着的钵盂，可能是师傅传给他的衣钵，远比生命贵重。

樵夫掠去衣带，致使他成天怏怏不乐。离开宝顶山之后，他有意识地进一步作贱自己的身体，希望早登"极乐世界"。碑中说他"绝火食，有欲设供者，唯受枣、栗、葡萄，或米、面升许"。两月后，终于自我摧残而死。

在他圆寂之前，曾有那么一天，他同报恩寺了智和尚和居士冯德浩一道"登北山，礼浮图，绕佛湾，低回者弥日，步观全邑山川，指天画地做欣喜状，更指岩头废像，愀然不乐，做忏悔状"。

禅师圆寂后，因生前喜欢北山，僧人了智等就把他葬在北山佛湾。西域禅师也成为最早游历大足的外宾。

知识点滴

在重庆大足北山佛湾第103号窟的内壁正中，有一块范祖禹撰文、蔡京书写并篆额的石碑，叫《赵懿简公神道碑》，俗称《蔡京碑》。

蔡京写得一手好字，与当时的苏轼、黄庭坚、米芾同被列为宋代四大书法家。蔡京的书法严谨而不拘泥，飘逸而不乱规矩法则。蔡京为人可鄙，但他的书法艺术后人还是客观公正地予以评价，称他是宋代四大书法家之一。因而蔡京碑一直被人们视为难得的书法珍品。

清末大足县贩卖碑帖商人马瞎子，每年拓《蔡京碑》不下千本，转售外地。为使孤本卖高价，每拓一次，即毁部分字迹，致使此碑字迹残缺甚多，实在是一件千古憾事。

乐山大佛

  乐山大佛开凿于公元713年，是海通和尚为减杀水势，普度众生而发起，招集人力，募捐物力修凿的。海通死后，海通的弟子接手修筑，直至803年完工，历时90年，被人誉为"山是一尊佛，佛是一座山"。

  乐山大佛头与山齐，足踏大江，双手抚膝，大佛体态匀称，神势肃穆，依山凿成，临江危坐。大佛通高71米，从膝盖到脚背28米，脚背宽8.5米，脚面可围坐百人以上，是真正意义上的"世界第一大佛"。

海通发宏愿修造大佛

　　乐山位于四川省，远在3000多年前的巴蜀时代，曾是蜀王开明部族的故都。公元前4世纪秦灭巴蜀，乐山隶属于蜀郡，因在成都的南面，故定名南安。

　　汉朝时期，南安隶属于犍为郡。南北朝时期，因战乱不断，乐山地

区的建制屡有变迁，北周置嘉州，取"郡土嘉美"之意。隋朝时，设置眉山郡，原南安县改名龙游县，传说隋朝军队从成都乘船向乐山进军追击陈国败兵时，岷江中有游龙导航，帮助隋朝军队统一天下，因此改南安为龙游。

唐朝时，又恢复嘉州和眉州。乐山大佛就是这时修建的。据唐代韦皋《嘉州凌云大佛像记》和明代彭汝实《重修凌云寺记》等书记载，乐山大佛开凿的发起人是海通和尚。

在我国民间，还一直流传着一个海通建佛镇妖龙的故事：

早在唐朝的时候，贵州有个和尚，法名海通，是一位博学多才的高僧。他云游四海，发愿要为百姓做善事。

这年夏天，海通来到四川嘉州，不久他便听说嘉州府城东凌云山下江水汹涌、波浪滔天，常常掀翻船只，危害生灵。

一天，海通想亲自去查看一下，便攀着岩壁来到凌云山脚。忽见一

个激浪打在岩上，浪头退去后，一个壮年汉子躺在水边，左手拿钻，右手拿锤，一动不动。

海通和尚忙上前，把汉子背到岸上，忙活了好一阵，那个汉子才慢慢苏醒过来。海通和尚询问起事情的缘由。

原来，那汉子名叫石青，是个石匠，他见凌云山下水势凶猛，来往船只常常翻沉，许多船工兄弟白白地送了性命，心里实在不忍，便决心在石壁上凿一路篙眼，好让船工们的竹篙插在篙眼中，撑住木船不碰在石壁上。不料刚打了几下，一个恶浪扑来，他就什么也不知道了。

石青的行为感动了海通。第二天，海通和石青相约又登上凌云山察看，他们站在百丈悬崖上，只见下面滩险水恶，江涛汹涌澎湃，如万马奔腾，直向峭壁冲来，发出惊天动地的响声。

这时，正有一只木船顺江而下。突然，那船就像离弦的箭飞奔而来，眼看靠近岩石，这时，水中猛地出现一个怪物，掀起一股黑浪，把木船吞没了。

海通一迭连声地口念"阿弥陀佛"；石青怒不可遏，苦于没有降妖的法力。

海通说道："不如在这山岩上凿一尊弥勒大佛，一来借佛祖法力收妖镇怪，二来也可减弱水势，保护行船。"

石青听了连连点头。于是，石青就在凌云山上打了个石洞，让海通和尚在洞内居住下来。

海通和石青一面察看水势，一面测量地形，分头准备雕刻大佛的事。海通和尚翻山越岭，行船过水，到江淮一带募化资金。

石青在嘉州城乡物色能工巧匠，打造工具。经过了3年的准备，718年便开始动工了。

海通和石青修大佛的事，一传十，十传百，很快就传了开去，方圆数十里的百姓，出力的出力，出钱的出钱，都纷纷前来相助。

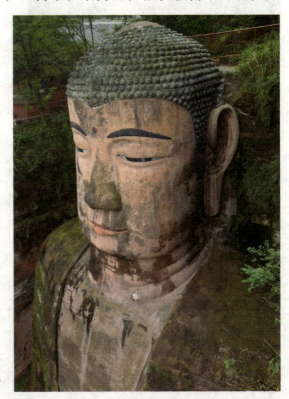

一时间，凌云山上，千人挥臂，万人呐喊，闹腾起来。从山岩上打下的石头，像下雨一样轰隆隆地掉进河里，激起无数浪花。

谁知，滚滚而下的巨石惊动了江底的那条妖龙，它是李冰当年修都江堰时，用铁链锁在江底的一条孽龙，因铁链年久锈坏，孽龙挣脱

枷锁，逃到凌云山下，兴风作浪，为害人间。

这孽龙见山上滚下许多石头，堵住了洞口，赶忙施起妖法，掀起狂风恶浪，把海通和尚卷入洞中。

石青见妖龙卷走了海通和尚，急忙带领众石匠，拿着铁钎、钻子、铁锤等工具下去寻找。不一会儿，找到了石洞，石青领头杀了进去，只见孽龙支使一群小妖正要将海通押向油锅。

石青大喊一声道："哪里来的妖龙，胆敢伤我法师！"随即带领众石匠冲了过去，将孽龙团团围住。孽龙见寡不敌众，只得逃下江底。

工匠们又继续凿岩刻佛。可是没多久，平地忽然狂风不止，飞沙走石，天昏地暗，暴雨倾盆而下。接连下了七七四十九天，凌云山上洪水暴发，一股股山洪直冲大佛头顶。海通和尚发愁了，这样大的洪水，即使是铜铸铁造的佛像也会冲坏的。

石青眉头一皱，计上心来，忙安慰海通说道："师父不要担忧，我自有办法。"他和众石匠商量，决定在大佛头上、身上修凿排水沟排水泄流。

只见石青腰系绳索，冒着生命危险，悬空凿石。狂风和洪水一次又一次地将石青冲得悬空吊在半岩上，他一次又一次攀着绳索爬了上去。

石青和众工匠们舍生忘死，坚持不懈，终于凿成了排水沟，消除了洪水的冲蚀。

这时，嘉州新任了一个刺史，爱财如命。他打听到海通和尚募化了许多银子，就带着一群衙役来到凌云山上，气势汹汹地对海通说："大胆的和尚，你未经官府许可，私自动工兴修大佛，该当何罪？来人，把他给我锁走！"

几个衙役冲过去就要动手，石青冲到海通和尚前面，伸手挡住了衙役们，他说："修大佛是为了镇妖降魔，减弱水势，解除灾害，有什么罪过？你们要锁锁我吧！"

海通忙对石青说："工地上没你不行，天大的事我来承担。"

那贪官见大家义愤填膺，便装模作样地说："和尚听着，本官姑念你是个出家之人，可免你牢狱之苦。不过，你等破坏我嘉州风水，得拿出白银30000两赔偿。"

海通一听这贪官原是来敲竹杠的，顿时胸中升起一股怒火，他说道："这银子来自千千万万的善男信女，我海通怎敢动用半文，自目可剜，佛财难得！"

贪官以为海通是说话来吓人的，就说："那就把你的眼睛剜出来给本官看看。"

海通听了，淡然一笑，不慌不忙地将双指插入自己的眼睛，两颗眼珠落入了手中的盘子里。海通端着盘子，直向面前的贪官走去，边走边说："拿去吧！"

贪官和那些狐群狗党见海通和尚竟然毫不动容地剜下了自己的眼睛，一个个吓得目瞪口呆，灰溜溜地逃回去了。

海通虽然失掉了两只眼睛，但刻佛的意志毫不动摇，对修建大佛更加关心。他常常拄着拐杖，由小沙弥扶着，来到工地，陪伴石匠们干活。大家见了，感动不已，含着眼泪劝他回去休息。海通执意不肯，说："我虽不能看着大佛建成，也要听着你们把大佛建成啊！"

然而，海通生前并没有实现自己的宏愿，没几年，他就圆寂归天了。以后，石青等老石匠也相继去世了。

50年以后，西川节度使韦皋继承了海通和石青的事业，组织人力物力继续开凿，直至803年，整整花了90年，才修凿完工。

后来，人们为了纪念海通，就把他当年住过的山洞叫做"海师洞"。直至现在，洞内还有一个盘膝而坐、神情坚毅、手托盛眼珠的玉盘的海通塑像。

传说毕竟是传说。其实，乐山大佛的产生，是佛教在这一地区早期出现和长期盛行的结果。

进入唐代，佛教在道佛并重的政策下得到了发展，武后时进入了顶峰。这为乐山大佛的产生创造了非常有利的条件。武后推行的是："佛教宜在道法之上，细眼处于黄冠之前"的政策，在全国大兴寺庙。

武后的崇佛、扬佛、兴佛，使佛教在我国的发展进入了鼎盛时期。佛教的盛行，直接影响着佛教造像的产生，正是在此之后不久，乐山境内相继产生了与乐山大佛时代相近的夹江千佛崖、五通麻王洞、乐山龙私寺等摩崖石刻造像。

至开元初年，乐山大佛便在佛教文化发展到顶峰、佛教造像异常活跃的大气候中产生了。

从目前考古发现得知，佛教在乐山这一地区的最早出现时间是在东汉。比如乐山东汉崖墓的麻浩1号墓和柿子湾1号墓内，均刻有佛像图，且居于墓的主要位置，即门的上方。

按东汉时"视死如生"的观念，就是要把生前的一切带到死后，由此可知当时佛教在意识形态领域中占有重要的位置。

至隋朝，隋文帝、隋炀帝等大兴佛法，这对该地区佛教的发展起到了一定的作用。

知识点滴

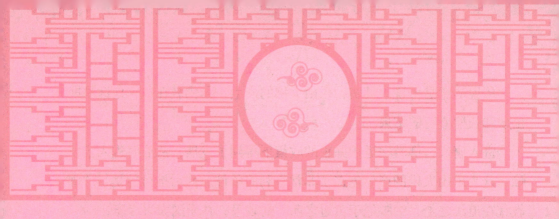

章仇兼琼韦皋完成大佛

在海通大师圆寂之后，乐山大佛修建工程一度中断，大约过了10年，剑南西川节度使章仇兼琼捐赠俸金，海通的徒弟领着工匠继续修造大佛，由于工程浩大，朝廷下令赐麻盐税款，使工程进展迅速。

当乐山大佛修到膝盖的时候，续建者章仇兼琼迁任户部尚书，工程再次停了下来。又过了40年后，剑南西川节度使韦皋再次捐赠自己

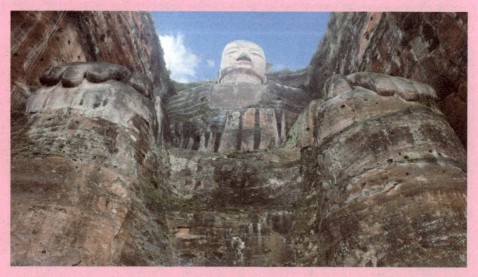

　　的俸金，并率人继续修建乐山大佛。韦皋始撰《嘉州凌云寺大弥勒石像记》的碑就在大佛右侧临江峭壁上，上面载录了开凿大佛的始末。

　　乐山大佛开凿前后历时90年，713年始至803年止，中间经历唐玄宗、唐肃宗、唐代宗、唐德宗四朝皇帝，换了海通、章仇兼琼、韦皋三届主持人。

　　三届主持人中除海通为民间僧人外，章仇兼琼与韦皋均是地方行政长官。章仇兼琼为剑南道团练副使和剑南节度使，韦皋为剑南西川节度使和南康郡王。因此，其实乐山大佛大部分工程是在地方政府的组织下完成的。

　　713年至730年是海通主持修建乐山大佛的18年，其中策划与筹措资金耗时约10年，实际用于开凿的时间仅8年，他便积劳成疾而病逝，《大像记》记载其"全身未毕，禅师去世"。

　　海通只开凿成形了大佛的头部至胸部工程便去世，其余大部工程都是章仇兼琼与韦皋主持完成的，特别是主持收尾工程的韦皋。

章仇兼琼大约用了7年时间主持了大佛胸至膝部的工程，而韦皋却主持了"莲花座上及于膝"工程，大佛"丹彩以章""金宝以严"的通体上色工程，"像设以俱"的九曲栈道工程，"万龛灯焰"的佛窟中其余小佛及韦驮护法神工程，还有尤为艰巨复杂的大像阁工程等，耗时15年。

也就是说，整个大佛修造工程，除去筹措资金及中途受"安史之乱""藩镇割据"影响的停工时间，实际用于开凿大佛的30余年时间，地方政府便主持开凿了22年，承担了近四分之三的工程量。

在工程资金的筹措形式上，海通仅靠十方檀越支持的民间募资形式，资金筹措量及后劲支持非常小，而后章仇兼琼与韦皋两人虽曾慷慨解囊，章仇兼琼"持俸钱20万以济经费"，韦皋"以俸钱50万佐其经费"。但实质在两人主持大佛工程的过程中，大部分工程款动用的是地方财政的税收资金。这样在修造资金上就有了根本的保证，这恐怕是大佛工程得以胜利完工的主要原因。

整个大佛工程的完工，既凝聚了几代主持人的心血，也凝聚了广大工匠们的智慧和汗水，同时也和当时统治者的倡导及国力、财力的支持分不开的。

乐山大佛最早的名称产生于大佛尚未完工的唐贞元十五年（799年）之前。

清嘉庆《乐山县志·金石》卷十五记载：

> 唐敕放生碑，县东凌云山足。碑久亡。明人重立石，也多湖。记其存者云：凌云寺灵山大像前敕、断采捕贞元十五年九月回日。

明确指出当时大佛为"凌云寺灵山大像"。凌云寺创自开元年间，至贞元年间，大佛名称中含"凌云寺"之名当属自然。大佛又称"灵山"，应该与凌云山当时称为"灵山"有关。

凌云山又叫作灵山。可能来自于蜀王开明氏鳖灵。《太平寰宇记》卷八十六记载："仙穴山在县东北十里。"《周地图记》称："灵山峰多杂树，昔蜀王鳖灵帝登此，因名灵山。"

《舆地纪胜》卷一八五记载："灵山，一名仙穴，在间中之东十余里宋江上，有古丛帝开明氏鳖灵庙存焉。"均

证明间中县灵山是因鳖灵得名。

乐山大佛所在的凌云山处于青衣江、岷江交汇处，此处恰好也与鳖灵有密切关系。《水经注·江水》卷三十三记载：南安"县治青衣、江会，襟带二水矣。即蜀王开明故治也"。而"鳖灵即位，号曰开明帝"，说明鳖灵在乐山定居过一段时间。现凌云山下街道犹名"篦子街"，篦子即"鳖子"的通假，鳖子即鳖灵。

因此，凌云山极可能与间中的仙穴山一样，因鳖灵登临或建过鳖灵庙的缘故而被称为"灵山"，并一直沿用至唐代。另外，灵山或许因佛家之说而得名。凌云山，因青衣江又名为青衣山。宋代范成大《吴船录》称：

渡江游凌云，在城对岸，山不甚高，绵延有山顶，故又名九顶，旧名青衣山。

但随着开元年间凌云寺的创建，山上僧徒日众，佛教盛况空前，在这种情况下很可能以佛经中的山名来称呼凌云山，而与佛有关的名山，则是众所周知的"灵招山"，梵名党周崛，简称"灵山"。

《五灯会元·释迦牟尼佛》称："世尊在灵山会上，拈花示众。"灵山为释迦牟尼佛居住的说法地。因此，凌云寺僧因凌云山正在开凿大佛，借此与佛有关的山名称凌云山。

此外，宋人王象之《舆地纪胜》称："灵查山碑。唐正元中，僧乾光为其师道真令徐宇彝撰碑，而碑刻于长庆中。"

嘉庆《四川通志·金石》卷五十九称"灵招山碑"于嘉定府乐山县下，说明乐山在唐代有山名灵山。

贞元十九年，韦皋撰《嘉州凌云寺大佛像记》，在文中称大佛为"凌云寺大佛石象"。看来，大佛已定名为"凌云寺大佛像"了。

宋代，大佛又称为"凌云大像"。陆游作礼佛诗，题作《谒凌云大像》，说得十分明确。王象之《舆地纪胜》卷一四六记载："佛耳泉，在凌云大像耳后。"也使用了这一名称。

明代，大佛又改称为"凌云大佛"，再不用"大像"之称了。明万历《嘉定州志》记载孙征兰一副对联，题作"凌云大佛顶"，是很好的证明。

乐山大佛在1000多年的漫长岁月中，遭到各种各样的破坏，有自然的，也有人为的。各个朝代都对它进行过维修，自明清以来的数百年间，大佛饱受自然风雨侵蚀，以致佛身千疮百孔，面目全非。

20世纪30年代起，乐山大佛又称为"嘉定大佛"或"嘉定镇江佛"，这是因为乐山在南宋以来直至清末，为宪章府治或嘉定州治，故名大佛。这是首次以行政区名来称呼大佛。或许说明大佛的知名度有了校大的提高。

新中国成立后，1956年，四川省首次公布第一批四川省文物保护单位，在定名为"凌云寺摩崖造像"的同时，也注明即"嘉定大佛"。同时，大佛又开始名为"乐山大佛"，这当然是以新的行政区名乐山来命名的。

知识点滴

独树一帜的大佛构造

　　乐山大佛造型独特，形体构造更是独树一帜，从头发到全身，设计精妙，雕琢精细，富于特色，不管是石块嵌就的发髻，还是木质结构的双耳，还是那神奇的排水设计，都是隋唐时期佛教艺术发展至巅峰的表现，令人叹为观止。

　　乐山大佛气势恢宏，工程浩大，在唐朝竟然凭借着原始的劳动工具完成了这项威震古今的旷世工程，其间的艰苦与古代工艺的发达让人为之侧目。

　　沿大佛左侧的凌云栈道可直

接到达大佛的底部。在此抬头仰望大佛，会有仰之弥高的感觉。坐像右侧有一条九曲古栈道，栈道沿着佛像的右侧绝壁开凿而成，奇陡无比，曲折九转，方能登上栈道的顶端。这里是大佛头部的右侧，也就是凌云山的山顶。此处可见识到大佛头部的雕刻艺术。

大佛顶上的头发，共有螺髻1021个，远看发髻与头部浑然一体，实则以石块逐个嵌就。单块螺髻根部裸露处，有明显的拼嵌裂隙，无砂浆粘接。大佛右耳耳垂根部内侧，有一深的窟窿，里面有许多破碎物，都是腐朽了的木泥。

南宋范成大在《吴船录》中记载"极天下佛像之大，两耳犹以木为之"，由此可知，长达7米的佛耳，不是原岩凿就，而是用木柱作结构，再抹以锤灰装饰而成。

在大佛鼻孔下端，也发现了类似的窟窿，里面露出了三截木头，

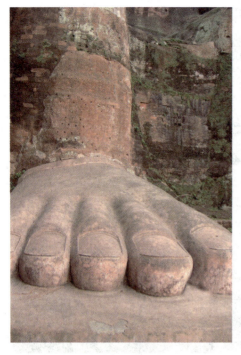

成品字形。这就说明大佛隆起的鼻梁，也是以木头来衬托，外面装饰上锤灰而成。

乐山大佛具有一套设计巧妙、隐而不见的排水系统，对保护大佛起到了重要的作用。清代诗人王士禛在咏乐山大佛的诗中就说"泉从古佛髻中流"。

在大佛头部一共有18层螺髻，其中第四层、第九层、第十八层各有一条横向排水沟，分别用锤灰垒砌修饰而成，远望看不出，衣领和衣纹皱折也有排水沟，大佛正胸有向左侧分解表水沟，与右臂后侧水沟相连。两耳背后靠山崖处，有左右相通洞穴。胸部背侧两端各有一洞，互未凿通。

这些巧妙的水沟和洞穴，组成了科学的排水、隔湿和通风系统，千百年来对保护大佛，防止侵蚀性风化，起到了重要的作用：左右互通的两洞，由于可汇山泉，内崖壁上凝结了石灰质化合物，而佛身一侧崖壁仍是红砂原岩，而且比较干燥。

那左右不通的两洞穴，孔壁湿润，底部积水，洞口不断有水淌出，因而大佛胸部约有两米宽的浸水带。显然，这是由于洞未贯通的缘故。

大佛胸部有一个封闭的藏脏洞，发现里面装的是废铁、破旧铅皮、砖头等，而封门的大石竟然是宋代重建天宁阁的纪事残碑。

　　唐代大佛竣工后，曾建有木阁覆盖保护，以免日晒雨淋。从大佛膝、腿、臂、胸和脚背上残存的许多柱础和桩洞，证明确曾有过大佛阁。宋代重建的时候，称为"天宁阁"，后来毁掉了。但这天宁阁的纪事残碑竟然嵌在了大佛的胸部，确是千古之谜！

　　乐山大佛全身比例之所以非常匀称，是因为在建造过程中是严格按佛教《造像度量经》上有关尺寸进行施工的，乐山大佛以全身可划为120分，其头顶肉磐高4分，即螺旋发结中间那块状如积粟覆瓯的部位，名为"无见预相"。

　　由肉髻之根下至发际也长4分，面长12分。颈长4分。颈下到心窝，与两乳平，为12分，由心窝到脐为12分，由脐至胯为12分。以上为上身量，共60分，当全身之半。胯骨长4分，股长24分，膝骨长4分。大佛下身胫长24分，足踵长4分，也为60分，为下身量、形象宽广的量度，由心窝向上6分处横量至腋为12分，由此下量至肘为20分，由

肘向下量至腕为16分，由腕向下量至中指尖为12分，共为60分，当全身之半。左右合计等于全身之量。

乐山大佛的神态并不如一般偶像的冷漠，而具有一种让人一下就能感觉到的亲切。乐山大佛表现了"弥勒净土"信仰的精髓，即从佛的世界走向人的世界，佛与人融合为一体。

海通大师凿石为弥勒佛像，这与当时唐朝普遍信仰弥勒净土的社会背景十分吻合。

各时代佛像雕刻艺术品的鉴别，主要是从其面相、花纹、服饰等方面加以观察，如六朝的佛雕像多较丰圆，后期较为瘦长。唐代则是颊丰颐满。

大佛衣纹最初用汉代传统的阴刻手法，后来兼采用西域的凸线条，最终发展成为直平阶梯式的衣纹。服饰一般采用印度的装束，由单纯而逐渐演变为复杂。

乐山大佛的造像手法较为简练，佛身各部分比例匀称，形态端严、镇静，充分体现出唐代造像的典型风格。韦皋在碑记中所言"相好"，旨在证明乐山大佛在其建造过程中是严格按照佛教造像的有关标准来进行的。

另外，一切佛像从其形体、容貌来说，基本相同。要想区别各种不同名称的佛像，只有从其"手印"来辨别。如释迦牟尼就有"说法相""降魔相""禅定相"等多种。

右手上举，以食指与大指作环形，余三指微伸，是说法相，右手平伸五指，抚右膝上是降魔像等，而乐山大佛不作任何手印，仅双手抚于膝上，这种造型十分少见。

可能初始时并非如此，右手曾毁于兵燹，在历次维修时皆因其手印难度大，而无法复原，故呈后来的双手抚膝状，可从乐山大佛右手腕处有一方台遗迹窥见一斑。

镜泊湖位于黑龙江东南部张广才岭与老爷岭之间，是历经五次火山爆发，由熔岩阻塞河流形成的高山堰塞湖，是世界上少有的高山湖泊。镜泊湖以天然无饰的独特风姿和峻奇神秘的景观而闻名于世，是国家著名风景区和避暑胜地。

关于镜泊湖有一个传说，相传很久以前，牡丹江畔住着一个美丽善良的红罗女，她有一面宝镜，哪里的人们有苦难，她只要用宝镜一照，便可以消灾避祸。这件事传到了天庭，引起了王母娘娘的忌妒，她派天神盗走了宝镜。红罗女上天索取，发生了争执，宝镜从天上掉了下来，就变成了镜泊湖。

乐山大佛展现佛教之美

　　乐山大佛是古代印度佛教文化与我国文化碰撞、融合的产物。它的修建与兴衰，也反映了佛教在我国的兴衰过程。因此可以说，乐山大佛是佛教文化中难得的丰碑。

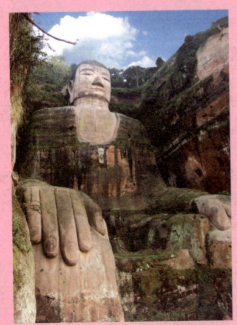

　　佛像造像是随着佛教的传入一起进入我国的。《后汉书》说：

　　相传明帝梦见金人，长大、顶有光明。以问群臣，或曰：西方有神，名曰佛，其形长丈六尺而黄金色。帝于是遣使天竺问佛道法，遂于中国图画形象焉。

　　晋袁宏《后汉纪》的记载与

此略同；又有《佛祖统纪》等书也记载了这件事。《魏书·释老志》记载比较详细，说："自洛中构白马寺，盛饰佛图，画迹甚妙，为四方式。"又说，"明帝令画工图佛像，置清凉台及显节陵上。"这就是我国最初自作的佛像。

佛教造像在我国可以分为三个阶段：第一阶段的雕塑作品受到外来文化的强烈影响；第二阶段作品中反映出外来文化与本地文化相融合后，造就出一种浓烈的中外交融发生微妙嬗变的技艺；第三阶段的作品越来越受到华夏文化的影响，而使艺术本身达到了发展的高峰。

乐山大佛理当属于第三阶段的雕塑作品。同时乐山大佛的世俗化倾向比较明显，神秘性较少，折射出一种似乎能感觉到的亲切。

我国唐代最流行的是佛教净土宗，因此净土变相在壁画中表现得最多。净土思想有两种，即弥勒净土与弥陀净土。

净土思想源于印度，早在我国东汉时期，净土的经典就已传入，支娄迦谶首译《无量清净平等觉经》《般舟三昧经》等，后来竺法护译出《弥勒菩萨所问经》《佛说弥勒下生经》等。

我国弥勒净土信仰的教团由东晋道安所创，北魏时颇盛行，齐梁间还有所闻，以后渐衰，至唐代由于武则天的推崇才又崛起。弥勒，翻译为慈氏，又名阿逸多，译为无能胜。生于南印度婆罗门家，将来补释迦牟尼如来之佛位，为补处菩萨。《弥勒下生经》记载：

光佛入灭，生与兜率天内院，为贤劫千佛之第五尊佛，自今经五十六亿七千万岁，出世于第四灭劫，下生人间，于华林园龙华树下成等正觉。

　　佛经预言，将来释迦牟尼的教法灭尽后，弥勒将从兜率天内院下生人间，得成佛道，转妙法轮，救度众生。

　　乐山大佛开凿于唐开元年间，前距武则天的"释教宜在道法之上，缁服处于黄冠之前"的政策只不过20余年。在武后统治时期，全国兴建了大量佛寺，佛教各宗迅速发展，佛教的雕塑在这时也达到高潮，许多唐代的雕塑精品多出于这一时期。武则天热衷于建寺造像，洛阳龙门奉先寺内的卢舍那佛像，就是由武则天"助脂粉钱二万贯"并派亲信官员专门督造才完成的。

　　乐山大佛完工于803年，距离845年唐武宗李炎的毁佛运动有42年之遥。在这样一段相对稳定繁荣的社会大环境下，乐山大佛才得以历90年艰巨施工不辍。

　　乐山大佛是一尊弥勒佛。唐代崇拜弥勒佛，按佛教教义，弥勒佛是三世佛中的未来佛，象征着未来世界的光明和幸福。所以当海通修造乐山大佛时，自然选择了弥勒佛，而且弥勒佛既是能带来光明和幸福的未来佛，这同平息水患的镇水之佛要求是一致的。

　　我国汉地佛教文化中，弥勒佛造像的变化是很大的，第一阶段是从印度传入我国的交脚弥勒，第二个阶段是具有"中国特色"的古佛弥勒，第三个阶段是布袋弥勒。

乐山大佛是具有我国特色的古佛弥勒。照《弥勒下生经》书中所描述的建样，这就要求他的五官、头、手、脚、身都具有不同于一般人的特征。

乐山大佛整个形体超凡脱俗，头上的发髻、阔大的双肩、高而长的眉毛、圆直的鼻孔都是按照佛教典籍的规定修建的。印度佛像的宽肩细腰，在大佛身上荡然无存，取而代之的是壮实的双肩，饱满的胸脯，体现了唐代崇尚肥胖美的时尚。

乐山大佛坐立的姿势是双脚自然下垂，这与印度佛像的"结跏趺式"也不一样，因为大佛是修来镇水的，这种平稳、安定的坐式可以带给行船的人战胜激流险滩的勇气和决心。

乐山大佛品相庄严，据《佛学大辞典》上说："就佛之身体而言，微妙之相状，可了别者，是谓之相；细相之可爱乐者，谓之好。"

而所谓相好可详列举出"三十二相，八十种随形好"。其一"故治肩脯令厚大"，乐山大佛肩宽28米；其二"头上有结为好"，乐山大佛头顶有螺旋发结1021个；其三"足安平"，乐山大佛脚背宽平达8.5米，可同时围坐百人以上；其四"手指纤长相"，乐山大佛双手抚膝呈自然舒展状，其中指长8.3米；其五"如狮子相，身体平正威仪严肃""身端直相，身形端正无伛曲者"，乐山大佛上身笔直，正襟危坐；其六"眼若见若日月"，乐山大佛双目传神，眼长3.3米；其七"鼻高好"，乐山大佛鼻部丰隆高直。

知识点滴

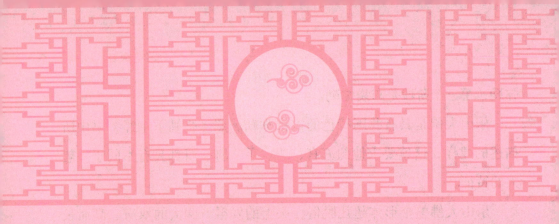

工程浩大的恢宏杰作

　　乐山大佛将一座硕大的山峰开凿成一尊佛，而且这尊佛结构和谐、比例均称、形象端庄，成为唐代佛教摩崖造像的精品，这在建筑上和石窟艺术上都是独一无二的。

　　大佛是依山从上向下逐步凿成的，之前在南北朝时期，中原地区已经使用这种方式凿刻佛像了。这种方式需要事先周密设计，并且要用精确的测量，才能保障工程正常实施。

　　大佛工程的困难，在于它的开凿环境险恶，一边是峭壁千仞，一边是怒涛激流，再加上佛像巨大，需要克服诸多的技术困难。

　　首先，在易于风化的砂岩中，寻找开凿巨型佛像的地点，就是一件很不容易的事情。

　　其次，就是难度极高的测量问题了。初期设计，需要测量凌云山高度。开凿中，也需要对每个部位进行精确测定。这里的环境不同于其他地方，只能在相隔近千米的江心沙洲上，进行这些工作。

　　1200多年前，仅仅靠着目视与简单的工具进行测量，其困难可想

而知。不过，海通与当时的工匠能够解决这个问题，也不是偶然的。

一方面他们有佛教的《造像度量经》，这是一部具有建筑科学内容的佛教著作。

另一方面，也和唐代的科学成就分不开。从魏晋南北朝以来，我国的数学家求出了较精确的圆周率，解决了一些复杂的测量问题。特别是生活在魏晋时期的刘徽，他在《海岛算经》中，论述了计算距离和高度的方法。

这些成果在唐代被编辑成了《十部算经注释》，而且唐代的《缉古算经》解决了大规模土方工程中的三次方程求解问题。

此外，在724年，由唐玄宗下诏令，我国进行了世界上第一次子午线测量。

从魏晋至唐代的科学家，几乎都受到过佛教文化的影响。大概，这和佛教同时带来了印度的数学与其他科学知识很有关系。开元时期的数学与天文学家一行，正是一位僧人。因此，海通可能和一行一样，也是一位精通科学的僧人。

乐山大佛是经过周密设计，才付诸实施的。南宋诗人陆游曾经做过嘉州监郡，他对大佛也是十分好奇的，有诗写道：

> 江干欲开千尺像，云龛先定此规模。
> 斜阳徒倚空三叹，尝试成功自古无。

并有题记："能仁院前有石象丈余，盖作大像时样也。"

"尝试成功自古无"，看来陆游对大佛能够开凿成功，极为惊讶，难以置信。另一方面这首诗也表明，工程经过周密设计，事先雕琢了模型，并非草草从事。石象山靠近渡口，估计海通与后来的修建

者，都是从这里渡河，去江中沙洲测量，然后回到石象山，再作仔细的设计。

据《嘉定府志》记载，能仁院在乐山城西，位于大渡河畔，石象山旁。后来寺已不在了，诗中所说的石佛模型，更不知去向。但可以肯定的是，当年海通凿刻大佛，就是依据能仁院中的弥勒石佛小样进行的。

也许，海通先找匠人依照能仁院中的弥勒石佛凿刻成另一尊"丈余高"的小样，然后将小样抬入施工现场，叫匠人将小样按1：13的比例放大开凿。但此说法看似简单，却也存在着许多的疑点：

第一，根据韦皋《大像记》碑文记载：大佛开凿开工时是"万夫竞力，千锤齐奋"。成千上万的工匠同时挥锤上阵，各施工面同时展开，仅依靠一尊丈余小样的依标，口头交代按1：13的比例放大，这显然是不实际的。

第二，大佛开凿工程前后，主持人换了三届，工匠也换了一批又一批，仅靠一个小样怎能保持前后风格一致呢？

实际上，海通选定能仁院的弥勒石佛作小样，主要是解决所塑佛像的形态问题，仿佛祖释迦牟尼的古佛形象，采取结跏趺坐的倚座姿势，出于"镇江"的要求，其左手凿成扶膝的降魔手印，双目微张，凝神远视，威而不怒，肃穆端庄。

韦皋《大像记》中所提到的"顶围百尺，目广二丈"，"其余相好，一以称之"。说明大佛弥勒的建造是严格按照佛经教义规定的技术指标来进行的，这些技术指标被精确地绘制在施工平面图上，作为匠人施工时的具体依标，这样才能科学地指导造像施工，严格按施工图的数据开凿佛像，才能做到相好统一，神形皆备，比例匀称。

照此推断，海通当时动念造佛，不是一时冲动，仓促行事，而是花了近10年的时间来准备。一方面在八方筹措资金，并尽量求得朝廷的支持；另一方面积极在全国范围内物色能承担此项重任的工程技术人员和优秀工匠。

待时机成熟后，海通首先叫精于石窟佛像艺术的工程技术人员参照能仁寺的石佛造型，按佛经教义规定的技术指标做出小样，再将确

定的小样绘制在绢、绸、缎等易于保存的载体上，形成施工图，图上标明比例数据供现场施工操作。

工匠照图在现场统一划线标尺，这样才能做到各作业面同时开工，有条不紊，且能保证工程质量。

这项工程到了章仇兼琼和韦皋主持阶段时，其组织形式和操作更为严密。施工方案要报审，对工程技术人员及工匠进行严格挑选，起码要有开凿石窟艺术的经验，能看得懂图纸和现场标线，对工期及质量也有一定要求。

开凿乐山大佛，无论是受海通精神的感召还是后来政府工程的吸引，当时古嘉州聚集了一大批全国优秀的工匠。正是有这些能工巧匠的智慧和汗水，才能留下乐山大佛这一唐代摩崖造像的精品，留下中华民族千年文化的瑰宝。

乐山大佛的身高比阿富汗巴米扬大佛仍要高出8米多，乐山大佛是当之无愧的"世界第一大佛"。

传说西方佛祖释迦牟尼诞生时，一手指天，一手指地，称："天上天下，唯我独尊"。乐山大佛，经过雕琢来到世界，它完全可以同释迦牟尼一样，在佛教艺术史上，它的确是唯我独尊的。

　　乐山大佛是世界上最大的石刻佛像，比较体积，大佛约是一般人的10万倍。形象地说，大佛的一个脚指甲，可容4个人端坐。

　　我国早在先秦时代，就有了"大"这一美的形态。大即是美，即是崇高。乐山大佛具有壮阔崇高之美。如果在夏秋洪水季节，乘船沿大渡河驶入岷江，浊浪排空，惊涛拍岸，一叶扁舟随激流奔向大佛。

　　这时，一种压倒一切的力量，一种不可阻遏的气势，从它巨大的身躯，从它智慧的眼神中，鼓舞着搏击在惊涛骇浪之上的人们。

　　仿佛冥冥之中，它陪伴着你，保护着你。在动人心魄的体验中，你不能不感到，大佛具有一种超越古今、超越宗教的崇高之美。大哉，乐山大佛！巍巍乎，乐山大佛！

　　佛文化也把雄巍的峨眉，点化成佛经中的"大光明山"，普贤菩萨居住的地方。融入了宏大的佛文化，凌云、峨眉风光就更有了一种独特的、深邃的意境。千百年来就有"天下之山水在蜀，蜀之山水在

嘉州"的赞誉。

孔子说："仁者乐山，智者乐水。"我国的儒家文化崇尚山水。佛教文化与儒家思想在山水之中，找到了它们的一个融合点。佛教文化深深地影响了我国的山水园林艺术和中国人的审美观念。

海通把大佛置于山水景观中心，岷江横流，"大光明山"飘浮于西方云端，山横紫翠，大渡河水从峨眉滔滔奔来，万象排空，真可谓匠心独运，鬼斧神工。

乐山大佛，这种融博大精神于名山大川之中的恢宏杰作，是不可企及的。作为不再复返的历史时期的艺术，它显示出永恒的魅力。

知识点滴

从1981年起，不少单位对乐山大佛的高度进行了测量。1981年至1982年，乐山市城建委请四川省勘测设计院测量的结果是：从佛顶至足底"身高"为60.50米。

1984年，西南水利电力勘察院设计队测量的结果是：从佛顶至足底高度为60米；从佛顶至踏座底高度为62.1米。

1986年四川省水利水电勘测设计院测量队与水利电力部华东勘测设计院测量队联合采用近景摄影法测得的结果是：从佛顶至足底高度为59.2米。

1987年，武汉测绘科技大学采用近景摄影法，测得结果是：从足底至头顶坐高58.7米。很显然，这些年以来测绘单位4次实测的结果是接近的，大佛身高在58.7米至60.5米之间，误差在1.8米之内。加上高2米的踏座，现存大佛的通高在60.8至62.6米之间。

泰山石刻

　　泰山石刻是我国文化史中的一枝奇葩。它不仅仅是我国书法艺术品的一座宝库，而且是中华民族的文化珍品。

　　历代帝王到泰山祭天告地，儒道佛传教授经，文化名士登攀览胜，留下了琳琅满目的碑碣、摩崖、楹联石刻，而泰山摩崖石刻是名山之最。

　　泰山石刻源远流长，自秦汉以来，上下两千余载，各代皆有珍碣石刻。

秦始皇封禅的第一名刻

　　秦泰山刻石位于岱庙东御座内，是泰山石刻中时代最早的作品。铭文为秦始皇功德铭和二世诏书，由丞相李斯篆书。刻石原文222字，历经沧桑，现仅存10字，"臣去疾臣请矣臣"7字完整，"斯昧死"3字残缺。堪称稀世珍宝。

　　秦始皇帝嬴政，是在战国纷争的条件下灭掉六国建立统一封建帝

国的皇帝，他于公元前246年即秦王位，时年仅13岁。即王位后，励精图治，为建立统一大帝国东征西伐。

公元前230年，秦国灭韩国，前225年又灭魏，随后，在前223年至前221年内，秦国连续灭掉楚、赵、燕、齐，并于公元前221年宣告统一大帝国的建成，嬴政因"功过三皇，业比五帝"而称皇帝，当年他才39岁。

这个大帝国幅员之大，在此之前任何一个朝代都无法比拟。据《史记》记载，秦的疆域"地东至海暨朝鲜，西至临洮、羌中，南至北向户，北据河为塞，并阴山至辽东"。

秦始皇统一六国建立秦王朝后，从公元前219年开始东巡，第一件事就是封禅泰山。

泰山位于我国东部，山体雄伟壮观、景色秀丽。古代神话传说中，开天辟地的英雄盘古死后，头部化为泰山。

据《史记·集解》所载："天高不可及，于泰山上立封禅而祭之，冀近神灵也。"古人形容"泰山吞西华，压南衡，驾中嵩，轶北恒，为五岳之长"。

我国古代传统文化认为，东方为万物交替、初春发生之地，故泰山有"五岳之长""五岳独尊"的称誉。因其气势之磅礴为五岳之首，所以在远古时期就有"泰山封禅"之说。

封禅的本义是异姓为王，新天子答谢天帝，兼向臣下表明自己是"天命以为王，使理群生者"，即昭显权力的正当性。这种典礼是远古时代活动在泰山周围的部落或氏族自然崇拜的原始祭天仪式。

春秋时代，"九合诸侯，一匡天下"的齐桓公欲行封禅之礼，被名相管仲以"祥瑞不现"，即天帝不承认而阻止；鲁之季孙氏也曾有泰山之旅，结果被孔子所讥讽，理由是资格不够。

当时封禅泰山，已成为齐鲁士人心目中一统天下的帝王所行的国家大典。也就是说代周而帝的统治者必须来泰山举行封禅大典，方可得到天帝认可，成为天下新的君主。据《史记·秦始皇本纪》记载：

二十八年，始皇东行郡县，上邹峄山。立石，与鲁诸生议，刻

石颂秦德，议封禅望祭山川之事。乃遂上泰山，立石，封，祠祀。下，风雨暴至，休于树下，因封其树为五大夫。禅梁父。刻所立石……

《史记·封禅书》中又说：

即帝位三年，东巡郡县，祠驺峄山，颂秦功业。于是征从齐鲁之儒生博士七十人，至乎泰上下。诸儒生或议曰："古者封禅为蒲车，恶伤山之土石草木；扫地而祭，席用菹秸，言其易遵也。"始皇闻此议各乖异；难施用，由此绌儒生。而遂除车道，上自泰山阳至颠，立石颂秦始皇帝德，明其得封也。从阴道下，禅于梁父。其礼颇采太祝之祀雍上帝所用，而封藏皆秘之，世不得而记也。

始皇之上泰山；中阪遇暴风雨，休于大树下。诸儒生既绌，不得与用于封事之礼，闻始皇遇风雨，则讥之。

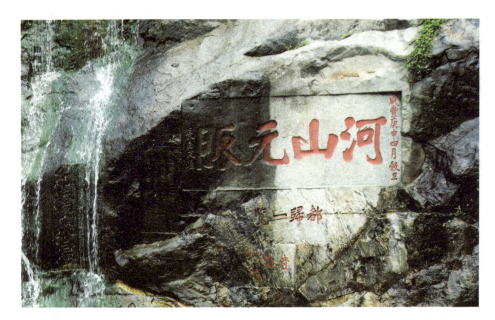

由此可知，秦始皇即帝位的第三年，就率文武大臣开始了千里东封泰山。

那时，秦始皇一行先到峄山，在山上立石铭记秦的功业，向齐鲁士人明确展示秦朝的千古功勋，表示自己在功业上已具备封禅资格，不至于重蹈齐桓季孙之覆辙。

秦始皇的峄山之行是其封禅泰山的序曲。之后秦始皇才来到泰山脚下，召集齐鲁儒生博士70多人，商议封禅大典的具体仪式。

有的博士告诉秦始皇，所谓"封禅"，就是在泰山顶上祭天，在泰山脚下祭地。前者叫封，后者叫禅。然而又说，帝王上泰山顶上祭天最好不要坐车，非坐车不可，也要用蒲草裹起车轮子，以免辗坏山上的一草一木，才表示得出对泰山的敬重。

这显然只是上古时代祭祀山神或祭天仪式的缩影，与秦始皇利用封禅展示其"席卷天下，包举宇内"的期望值相差很远。

秦始皇一气之下，不许儒生们参加祭典，自己带着亲信大臣们上了山。沿途不好行车的地方，就砍树伐草，开山凿石。他心想："我倒要看看泰山的神其奈我何？"

秦始皇的封禅大典分两步进行，首先劈山修路，从泰山之阳登上山顶，封禅泰山后，秦始皇即命丞相李斯在泰山摩崖处刻下功德铭石。"立石颂秦始皇帝德，明其得封也。"是为封礼。向天下表明秦王朝具有封禅资格并实现了这一旷世大典。

秦始皇封禅大典后不久，天色突变，乌云滚滚，眼看就要下大雨。有人说泰山山神发怒的时候，就有乌云黑雨，山洪暴发，人畜都要冲走。

秦始皇也以为得罪了山神，拔腿就往山下跑，手下一批人也紧跟而逃。这伙人刚刚跑到五松亭这个地方，只听得一声惊雷，瓢泼大雨就劈头盖脸地下来了。秦始皇养尊处优惯了，休说山洪，这场大雨就把人淋得站立不住，眼看要被冲下山去。

正在危急时候，秦始皇忽然发现路边有一棵大松树。这位不可一

世的大皇帝，赶忙双膝跪在树前，两手死死抱住树干，口中念念有词，哀求树神保佑。

雨下得快收得也快，不久就停了。秦始皇还真以为树神在护驾，于是就加封那棵救他的松树为"五大夫松"。

公元前209年，秦二世胡亥也来到泰山封禅，并在秦始皇功德铭石处留下了石刻诏书。

秦始皇和二世的刻石原在岱顶玉女池旁，后经多次迁移，安置在岱庙东御座大殿露台前西侧。刻石四面宽窄不等，刻字22行，每行12字，共222字。

两世的刻辞均为李斯所书，而将刻石分为两部分：前半部系秦始皇东巡泰山时所刻功德碑，共144字；后半部为秦二世刻制，共78字。

秦始皇及秦二世《泰山刻石》的书体是秦统一后的标准字体小篆。其结构特点直接继承了石鼓文特征，比石鼓文更加简化和方整，并呈长方形，线条圆润流畅，疏密匀停，给人以端庄稳重的感受。

泰山刻石价值极高，此石是泰山现存最早的刻石，被誉为天下第一名刻。因其篆法圆润，骨气丰多，故称其为"李斯小篆"或"玉箸篆"。秦泰山刻石历代多有摹刻拓本，清聂剑光摹刻的明拓本29字和徐宗干摹刻的旧拓本29字两块刻石，均陈列于岱庙碑廊。

秦泰山刻石书法严谨浑厚，平稳端宁；字形公正匀称，修长宛转；线条圆健似铁，愈圆愈方；结构左右对称，横平竖直，外拙内巧，疏密适宜。

李斯小篆不仅在书体上，而且在书法神韵上都有承前启后的作用，对后世的隶、行、真、草都有较大影响。

唐张怀瑾称颂李斯的小篆是："画如铁石，字若飞动"，"骨气丰匀，方圆妙绝"。

宋刘跂《秦篆谱序》中说："李斯小篆，古今所师。"

《岱史》中称："秦虽无道，其所立有绝人者，其文字、书法世莫能及。"

李斯篆书的泰山刻石，不仅是我国书法艺术的瑰宝，而且对发展我国的历史文化也有莫大功绩。因为没有统一的文字，就没有统一的文化；没有统一的文化，就没有统一的中国。

李斯倡导的"书同文"被秦始皇采纳，在大篆的基础上改省结体，整齐笔画，创造了小篆体，在全国范围内统一了文字，使我国成为政令统一的大一统天下。由此足见其价值之重大，所以秦泰山石刻不愧为天下第一名刻。

秦始皇统一六国后，在全国各地曾先后刻石七处。及二世立，又"尽刻始皇所立刻石。现大都湮没无存，唯存《秦琅琊刻石》86字和《秦泰山刻石》10残字，更为历代学者视为珍宝。因此许多文人争相传拓，有的还依所藏拓本摹刻于石，以期流传永久。

据文献《金石录》记载，宋大中祥符元年（1008年），宋真宗登封泰山，兖州太守模本以献，计40余字。《广川书跋》载，宋庆历间，宋莒公（宋庠）摹刻48字本于东平郡。

明锡山安国藏165字本和53字本，相传皆为宋拓本。清乾隆间，邑人聂剑光以明拓29字本摹刻于县署土地祠《太极图碑》之阴，现存岱庙碑廊。1740年，碧霞祠毁于火，刻石遂失。

知识点滴

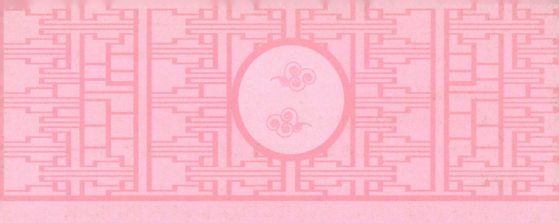

光武帝封禅后石刻大兴

东汉光武帝刘秀，史称 "高祖九世之孙"，但是已经历了数代，由嫡系转而旁系，只能说他是西汉宗室。

王莽曾于公元 8 年称帝，改国号为 "新"，刘氏皇权的统治被中断了。所以刘秀即位，才又续上刘氏皇权的系统，这就是东汉光武帝刘秀即位的一大政治特色。

刘秀是东汉的第一位皇帝，以维护刘氏皇权正统起家，以维持刘

氏正统而即帝位，又以维护刘氏正统而终，总其一生，生于末世，以种种权术平乱世，兴一统，以旁系而继嫡系正统，是政治圈中善于纵横捭阖的人物。

公元54年，富平侯张纯联系了一些官员，上书建议光武帝封泰禅山。当时光武帝并没有同意，但是3年之后，刘秀却一反常态，决心到泰山封禅。大约是他想到真的必须安排后事了，才马上想到泰山封禅。并且亲自寻找封禅的理由。

据《后汉书·祭祀》记载：

> 三十二年正月，上斋，夜读《河图会昌符》，曰"赤刘之九，会命岱宗。不慎克用，何益于承。诚善用之，奸伪不萌"。感此文，乃诏松等复案索《河洛》谶文言九世封禅事者。松等列奏，乃许焉。

"赤刘之九"指刘秀。按汉代传说,刘邦是赤帝子化身。按阴阳五行说,汉为火德,火即赤,赤刘即刘邦。刘秀说是刘邦的九世孙,《河图会昌符》的整体之意是:刘秀应该上泰山封禅,如不利用这个机会,于皇位继承无益,若能认真利用,一切奸谋都可以防止。

公元57年,刘秀的车驾从洛阳出发,到达山东曲阜,汉王朝的宗室和孔子的后裔朝见刘秀并表示祝贺,刘秀也到孔子故居向孔氏后裔赐酒肉。又从曲阜出发,到达泰山奉高。

刘秀来泰山封禅,随从的贵族、官员甚多。大家在山下斋戒的同时,做封禅的准备:增加山上庙观中的道士,准备石刻,安置封禅坛。

关于封禅石料,光武帝女婿黄门郎梁松有一个长长的账单,据马第伯《封禅仪记》说，石料计有：

石二枚，状博平，圆九尺，此坛上石也。其一石，武帝时石也。时用五车不能上也，因置山下为屋，号五车石。四维距石长丈二尺，广二尺，厚尺半所，四枚。检石长三尺，广六寸，状如封箧。长检十枚。一纪号石，高丈二尺，广三尺，厚二寸，名曰立石。一枚，刻文字，纪功德。

刘秀登泰山设坛祭天，举行封禅大典。刘秀上泰山之前，先派石工在泰山刻石。这块刻石虽未保存下来，但刻石文却完整地保存在《后汉书》中。

刘秀在泰山下东南方举火焚柴，加牲畜于火上，叫做柴祭。随后登山，刘秀居车，诸大臣步从。中午以后，刘秀到达山顶。下午，待诸大臣陆续登上山顶之后，开始举行祭天仪式。此外，刘秀还着力强调自己治国平天下的功绩。

仪式结束时，诸大臣及随从山呼万岁，山鸣谷应，十分壮观。当时，天有微云，从山下看山上，山顶在云雾之中，山顶上的人则不觉身在云中，山上山下的人互相称说，颇有神秘之感。

仪式结束之后，天色将晚。刘秀命令随从百官依次下山。刘秀自己则由数百人簇拥率先乘车而返。因为山道窄小，互相推挤，队伍绵延近20里。

天黑后，人们举着火把在崎岖陡峭的山道上蜿蜒而下。黑夜之中，面临高崖深谷，脚踏石响，不免胆战心惊。有的大臣饥肠辘辘，口中呻吟不绝。

刘秀于深夜回到山下，而大臣则至第二天天亮后才下山完毕。在夜间下山的途中，一些年老体弱的官员走得上气不接下气，无可奈何地瘫倒在岩石下。天亮后，刘秀派太医们一一前去问候。

刘秀下山之后，认为封禅顺利，兴高采烈地对臣僚们说："昨天上山的时候，我的车子要快行，又怕催逼了前边的人；要停止，又怕踩踏了后边的人。一路上道路险峻，危险异常，真担心上不了山。幸亏我身体好，不觉劳累。只是你们诸位露宿缺饮，辛苦了。不过，我们这次封禅，无一人生病，那也是老天爷的保佑哩！"

刘秀在山下稍事休息之后，到梁父山举行祭地仪式，完成了全部封禅活动。

从文献记载可知，当时已经有"刻辞碑"。光武帝在泰山所立之石为已经定型的刻辞碑。其碑有序无铭，一共刻有687字，其字数明显多于前代任何一处石刻。其立碑地点记载得也很明确，是立于光武帝封禅坛以南约7米处。

据记载，东汉自光武帝以后诸帝，多有刻碑之举。如和帝公元92年，有《袁安碑》，117年有《袁敞碑》，两碑文都是篆书，碑上有穿。128年有《王孝渊碑》，长方形；144年有《景君碑》，碑身为圭形，也有穿。可见当时的刻辞碑已基本定型，但数量不多。

到了东汉后期，特别是桓帝、灵帝时期，宦官、外戚、豪族地主等生前权势显赫，豪华无比，死后厚葬，大修陵墓，豪华的墓碑和画像石等顿时大兴，一时丰碑林立，摩崖千尺。

泰山的《衡方碑》《张迁碑》分别刻于东汉灵帝时的168和186年，保存下来的东汉后期画像石60多件。

《张迁碑》碑主张迁，字公方，曾任谷城长，迁荡阴令。故吏韦萌等为追念其功德而立。

《张迁碑》阴刻立碑官吏41人衔名及出资钱数，隶书，此碑通篇为方笔，方整劲挺，棱角分明，结构谨严，笔法凝练，初看似乎稚拙，细细品味才见精巧，章法、行气也见灵动之气，沉着有力，古妙异常。

东汉后期诸多碑刻的形制、内容、铭文体例等至此已经基本定型，后世各代的碑刻，多是在此基础上发展演变的。

就碑刻的形制而言，东汉后期的碑刻大都由碑身、碑首、碑座三部分组成。碑身一般为长方形竖石，棱角规整，加工精细，有的还刻有纹饰，其下端皆置榫，以安装在碑座的卯眼中。

东汉碑首多为圆形或圭形，有的为螭首；大都有题额，有的额下有穿；题额有的为篆书，有的为隶书，有的阴刻，也有的为阳刻。

泰山《张迁碑》的题额为篆书阴刻，《衡方碑》的题额则为隶书阳刻。碑座多为方形，其上皆刻有卯眼，以与碑身下部的榫吻合。

就碑文的内容而言，东汉后期的碑刻字数显著增加，大都在500字以上，多者千言以上，如《衡方碑》刻文23行，满行36字，凡刻815字，字径4厘米，隶书。碑文内容以歌功颂德者居多，也有专为纪事者。其书体大都为隶书。篆书多见于碑额，其书法更为成熟。

就碑文的体例而言，东汉后期已经趋于完备。其标题大都以题额代替，标题之下为序文。序文之后为铭文，铭文多为四字一句的韵体文。铭文之后大多刻门生故吏衔名及捐资钱数，此举已成为当时风尚，是东汉后期门阀大族门生故吏遍天下的产物。这一时期石刻不仅数量剧增，而且内容丰富，形式多样。

在前代已有刻石的基础上，又出现了形制比较定型的碑刻、摩崖、画像石、造像等一系列新形式的石刻，形成了刻石、碑刻、摩崖、画像石、造像等石刻同时并行的繁盛局面，并从不同角度反映了东汉时期的社会生活。

知识点滴

对泰山石刻的著录和研究，在我国有悠久的历史。西汉司马迁作《史记》时，曾详细著录了《泰山刻石》的铭文，为后代对秦刻石的研究提供了可靠依据。

应劭在东汉末年任泰山太守时，将汉武帝在泰山的立石铭文详细著录在《风俗通义》第二卷里，并首次著录了始皇封禅坛石阙，即无字碑的位置。

司马彪续《后汉书》时，把光武帝在泰山的立石铭文详细著录在《祭祀志》里。但真正把石刻作为一门学问来研究，是从宋代开始的，成就突出的有欧阳修的《集古录》和赵明诚的《金石录》等。

此后金石学大兴，著录石刻之书纷至沓来，著名的有明都穆的《金薤琳琅》、宋濂的《贞石志》、赵山函的《石墨镌华》和清顾炎武的《金石文字记》、王昶的《金石萃编》、孙星衍的《环宇访碑录》、冯云鹏的《金石索》和方若的《校碑随笔》等。

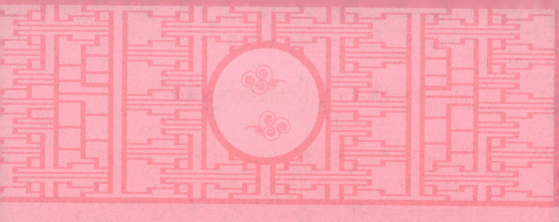

唐玄宗东封亲撰石刻

　　唐玄宗李隆基是唐朝的第六位皇帝，在位44年。他即帝位之初，选贤任能，励精图治，以至形成了唐朝以来国家兴盛的又一个高潮，历史上称为"开元盛世"。

因此，朝中大臣多次上书，力请玄宗东封泰山：

陛下靖多难，尊先朝，天所启也。承大统，临万邦，天所命也。焉可不涉东岱、禅云亭，报上玄之灵恩，绍高宗之洪烈，则天地之意，宗庙之心，将何以克厌哉！

且陛下即位以来，十有四载，创九庙，礼三郊，大舜之孝敬也；敦九族，友兄弟，文五之慈惠也；卑宫室，菲饮食，夏禹之恭俭也；道稽古，德日新，帝尧之文思也；怜黔首，惠苍生，成汤之深仁也；化玄漠，风太和，轩皇之至理也。

至于日月星辰，山河草木，羽毛麟介，穷祥极瑞，盖以荐至而为尝，众多而不录。正以天平地成，人和岁稔，可以报于神明矣。

　　李隆基毕竟不是一般的凡夫俗子，他在大臣们的精神进攻面前，不断地自我克制，自我调节，声称：

　　　　朕以眇身，托王公之上，夙夜祗惧，恐不克胜，幸赖群公，以保社稷。朕承奉宗庙，恐不克胜。未能使四海从安，此理未定也；未能使百蛮效职，此功未成也。

　　在这种情况下，源干曜和张说第三次上书，坚持敦请李隆基到泰山举行封禅大典，说李隆基不去泰山封禅，是"稽天意以固辞，违人事以久让；是和平而不崇昭报。至理而阙荐祖宗"，似乎不去泰山封禅就对不起祖宗，有悖天意。

　　李隆基心回意转，接受封禅之请，发布《允行封禅诏》：

　　朕昔戡多难，禀略先朝，虔奉慈旨，嗣膺丕业。是用创九庙以申孝敬，礼二郊以展严禋。宝菽粟于水火，捐珠玉于山谷。兢兢业业，非敢追美前王；日慎一日，实以奉遵遗训。

　　至于巡狩大典，封禅鸿名，顾惟寡薄，未惶时迈，十四载于兹矣。今百谷有年，五材无眚。刑罚不用，礼义兴行。

　　和气氤氲，淳风淡泊。蛮夷戎狄，殊方异类，重译而至者，日月于阙庭。奇兽神禽，甘露醴泉，穷祥极瑞者，朝夕于林籍。王公卿士，罄乃诚于中；鸿生硕儒，献其书于外。

　　莫不以神祇合契，兆同心。斯皆烈祖圣考，垂裕余庆。故朕得荷皇天之景佑，赖祖庙之介福，敢以眇身，而专其让？是以敬承群议，宏此大猷，以光我高祖之丕图，以绍我太宗之鸿业。

　　于是，725年，唐玄宗带领群臣到泰山举行封禅大典。唐玄宗东封泰山，单就仪仗队伍前的马队，就以每种颜色的马1000匹作为一个方队，交错排列，远远望去就像彩云绣锦，可见规模之大，盛况空前。

　　传说当时，玄宗率领封禅大军，从长安来到汶河之滨，刚过汶河，河水还非常平稳，水波不兴，可到了河中，霎时间却变得白浪滔天，远处尚有一条黑龙翻滚着。玄宗心里一惊，当即手控弓弦，向黑龙直射过去。黑龙不见了，河面又恢复了原来的平静，玄宗顺利地渡过了汶河。

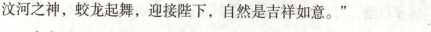

唐玄宗在河中遇见黑龙，不知是吉是凶，心里老犯嘀咕，便问封禅使张说。

张说顺口答道："这黑龙是汶河之神，蛟龙起舞，迎接陛下，自然是吉祥如意。"

玄宗听后，心里乐滋滋的，也就不再言语。

当大队人马浩浩荡荡来到泰山西侧的时候，突然东北风大作，从中午一直刮到晚上，随从人员住的帐篷被风撕破，支撑帐篷的柱子也被吹折了。官员们因此十分恐慌，乱作一团。

据说，以前的帝王登封泰山，如果是顺天承运，功绩显赫，则会出现诸多祥瑞之兆；如果是无德无能，不能顺应天时治理天下，则会出现诸多凶象。

而唐玄宗登封泰山时，虽有功于天下，天气却屡屡变化，给他带来了诸多的烦恼，这大概是上天对玄宗以后沉迷酒色、荒废朝政的警示。

封禅使张说本来就为封禅之事忙得焦头烂额，这突如其来的变故，更使他手足无措。为了稳定人心，他不得不出来打圆场说："大家不要慌张，皇上是天子，如今御驾出宫，定会惊天动地，这是岱山之神来接皇上封禅的。"

张说的搪塞，才使大家的心稍稍平静下来。及至大队人马来到泰山脚下，天果然变得丽日晴和。

玄宗前行，来到南天门，只见山上云缭雾绕，缥缥缈缈，远处尚有金石丝竹之声传来，张说忙恭维道："陛下，你听，山神已奏起了迎宾的乐章。"

但是，到了玄宗斋戒沐浴的晚上，天空突然又狂风大作，寒气彻骨。天气的再度变故，不禁使玄宗心神不宁，他停止饮食，肃立夜露之下，直至夜半。

唐玄宗虔诚地向苍天祷告："我自即帝位以来，得到苍天的佐助，国家昌盛，万民安泰。我来登封泰山，本欲为万民祈福，但是，如果是我本人有什么过失，不配来泰山封禅，请上天来惩罚我本人；如果是随从的人员没有福分参加封禅，也请上天降罪于我，随从的兵士和骑乘的马匹确实受不了彻骨的寒风，请苍天暂停风寒吧！"

玄宗祈祷之后，果然风静树止，山间的气温随之转暖，天气晴和，微风南来。天明之后，在缕缕丝竹歌乐声中，玄宗顺利地在山顶举行了隆重的封禅仪式。

第二天，大典完毕之后，天上出现了一片五彩云霞，一群白鸽在云霞四周轻快地飞翔。官员们都前来向玄宗道喜，说这是瑞云呈祥，白鸽道喜。

一时间玄宗竟飘飘然起来。他兴致大发，分外高兴，当即封泰山神为天齐王，随行人员也都加官晋爵。为了纪念这次成功的封禅，玄宗还亲自撰写了《纪泰山铭》一文，刻在山顶大观峰，于是就有了洋洋千言的唐摩崖碑。

《纪泰山铭》刻石立于726年，在岱顶大观峰崖壁上。《纪泰山铭》的书法遒劲婉润，端严雄浑。碑文为唐玄宗李隆基亲手撰书，相传由燕许修其辞，韩史润其笔，文词典雅，对研究唐代历史、书法、镌刻艺术均有重要价值。

《纪泰山铭》在所引"铭文"之前，有一段序文，叙述与泰山有关的历史和神学思想，解释李隆基自己决定封禅的经过。

铭文首先记载了唐玄宗封禅的起因和规模，"朕宅帝位，十有四载，顾惟不德，懵于至道"；描写了封禅典礼的过程；赞颂和夸耀了"五圣"的功绩；一扫历代帝王专为自己"秘请"天神赐福的旧习，改变了帝王封禅仅为满足个人奢望的陈规，明确提出"至诚动天，福我万姓"；并谆谆告诫来者"道在观政，名非从欲"，充分反映了唐玄宗"开元盛世"的雄心壮志和务实施政的特点。

李隆基认为，秦始皇封禅"灾风雨"，汉武帝封禅"污编录"，实在是因为"德未合天"，所以才有"灾风雨""污编录"之"辱"，只有他李隆基才封禅成功，不仅无"灾""污"之辱，而且又充分享受了祥瑞之气，所以他骄傲地宣布："道在观政，名非从欲。"开元之治的盛况，使他踌躇满志。因后人题"天下大观"4字于唐摩崖石刻上部，所以此峰又称大观峰。

知识点滴

《纪泰山铭》形制雄伟，文辞雅驯，书法遒劲婉润，端庄浑厚，为汉以来帝王摩崖石刻之最，开隶书新面目，是唐隶的代表作之一，历代书家多有称颂。

唐窦泉《述书赋》赞玄宗的书法道："开元应乾，神武聪明，风骨巨丽，碑版峥嵘，思如泉而壮凤，笔为海而吞鲸。"窦泉兄窦蒙称："开元皇帝好图书，少工八分书及章草，殊异美特。"

宋黄庭坚《山谷题跋》道："玄宗书班班犹有祖父风。"宋朱长文《续书断》云："玄宗少能八分正书，锡之臣工，勒之金石，不倦于勤，尚艺之至。"

明王世贞道："《纪泰山铭》，唐开元帝制及手书，相传燕许修其词，韩史润其笔，以故文颇雅驯，不猥弱，隶法虽小变东京，最为郁劲，饶古意。"明孙鑛《书画跋跋》称："此铭当是帝手书，不然则是择木特效帝作此肥笔耳。"

清王澍《竹云题跋》称："唐人隶书多尚方整，与汉法异。唯徐季海《嵩阳观碑》，明皇《纪泰山铭》为得汉人遗意。《孝经注》肉重骨柔，弗及也。"综观此摩崖体势，知以上所赞不虚。其书体偏肥，当是中唐崇尚肥美的见证。

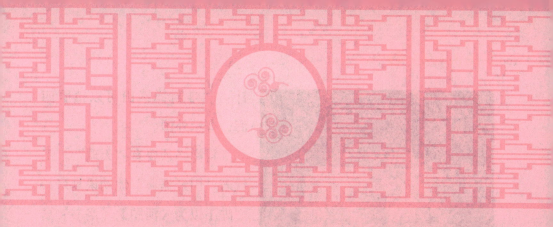

宋真宗岱庙两大丰碑

北宋真宗年间，宋辽签订澶渊之盟议和后，宋以巨额钱物换得边境的暂时安宁。这时宋、辽双方信使往还，相安无事。

不过，宋真宗赵恒一直将澶渊之盟视为奇耻大辱，却又没有挽回面子的办法。当时正主编《册府元龟》一书的王钦若见状，献上一

计："唯封禅泰山可以镇服四海，夸示外国。"

封禅必须要有"天瑞"。王钦若"引经据典"地劝说真宗："陛下以为《河图》《洛书》真有其事吗？无非是圣人利用神道设教罢了。"

真宗半信半疑，又垂询直学士杜镐那《河图》《洛书》究竟是怎么一回事。这位饱学之士也如是说，真宗终于明白了那些"天瑞"原来是可以人造的。

1008年，真宗召集文武百官，宣布一个特大喜讯："去年冬天十一月二十七日将近半夜，朕正准备就寝，忽然室内大放光彩，看见一位戴星冠、穿绛衣的神人对我说，如果下个月在正殿做一个月的黄道场，就会降下天书《大中祥符》三篇。"

"于是，朕从十二月初一开始就在朝元殿斋戒，建道场以求神人保佑。今天，皇城司报告，发现左承天门南面的鸱尾上挂着一条黄帛，派太监去观察，帛长约两丈，像封着书卷，用青丝绳缠着，隐约看出里面有字，这就是神人所说的天降之书。"

群臣在崇政殿致贺，真宗赐宴款待。又派专使策告天地、宗庙、社稷，大赦天下，改年号为"大中祥符"；又赏赐群臣，并特许京城百姓开怀畅饮5天。

消息传出，举国上下欢欣鼓舞，各种祥符纷纷上报。为了表达全国臣民的迫切心情，宰相王旦等率领文武百官、军队将士、地方官员、少数民族首领、和尚道士、社会名流和各地长老2.4万多人，5次上书，请求举行封禅大典。

于是，宋真宗下诏任命宰相王旦为封禅大礼使，王钦若、参知政事赵安仁为封禅经制置使，命丁谓经办沿途粮草费用，命引进使曹利用、宣政使李神福整修行营道路，命翰林学士李宗谔、杨亿等详订封禅礼仪。

1008年10月，宋真宗自汴京出发，千乘万骑，东封泰山。改乾封县为奉符县；封泰山神为"仁圣天齐王"；封泰山女神为"天仙玉女碧霞元君"；在泰山顶唐摩崖东侧刻《谢天书述二圣功德铭》。

另外，宋真宗下诏，令王旦撰《封祀坛颂》、王钦若撰《社首坛颂》、陈尧叟撰《朝觐坛颂》，各立碑山下。

宋真宗还亲自篆额并撰书，御制《登泰山谢天书述二圣功德之铭》碑。碑原刻两处，文字与书体相同，一在岱顶德星岩，俗称《宋摩崖碑》，共计1143字。其碑铭文主要颂扬宋太祖赵匡胤和太宗赵匡义的功德伟业。由于宋真宗的书法远不及唐玄宗，故碑文多被后人题刻凿毁。

另一处在泰安城南门外，

由五石合成，碑文北向朝岱宗，俗称《阴字碑》。该碑仅存拓片。

同时还有《倩帝广生帝君赞碑》，该碑原在泰山西南麓小金山前的青帝观殿西，至1747年被俗吏所毁，碑遂佚，形制无考。20世纪初觅得此碑残石9块，将其拼凑，空处以砖石充之，修复于岱庙东御座内，与秦《泰山刻石》东西并列。

残碑其额剩5字，赞铭、祝文尚存56字。碑文是宋真宗封泰山神为"东岳仁圣天齐王"的同时，又将所谓天神青帝加封懿号为"广生帝君"，并撰书立碑，碑篆额"青帝广生帝君赞之碑"。

真宗赞颂青帝："节彼岱宗，奠兹东土，生育之地，灵仙之府。"碑阴刻同年真宗遣尚书兵部郎祭青帝的祝文。该碑是研究青帝主泰山的唯一碑刻。

民间传说，真宗封禅以后，下诏修建天贶殿。建好以后，需要画

一幅壁画，便招募天下画家来为泰山神作像，但都因不合真宗之意而被杀。

后来有一个聪明的画家，仿照真宗封禅泰山的情景创作了一幅壁画，真宗非常高兴，重赏了这位画家。于是，天贶殿内就有了这幅《启跸回銮图》。

该图绘在大殿东、西、北三面墙壁上，自殿后门为界，东为"启跸"，西为"回銮"，气势恢弘，为古代壁画之精品。

在天贶殿西南，有一通《大宋天贶殿碑铭》，立于1009年。该碑是天贶殿建成以后所立，记载了真宗夜梦神人、天书降临、封禅泰山、诏建天贶殿的经过。

在天贶殿东南，还有一通《大宋封祀坛颂碑》，立于1009年，方座圆首，碑文为楷书碑阳刻文，是由宰相王旦撰文，裴禹书并篆额。铭文虽有残缺，但尚可认读。

该碑是宋真宗封泰山时的奠仪纪实，如碑载：

> 臣闻天地之文，著明含章．焜焕于庶物；礼乐之用，象功崇德，昭格于至神。王者宣淳耀之烈，建中和之极。于是锡天瑞，出坤珍，觉悟于蒸民。鲜不登泰山蹑梁父，聿崇于明德。
>
> 祀前一日，未质明，备法驾，至于山趾，更衣于帷殿。上乃乘轻舆……

其碑文翔实，描述栩栩如生，与《宋史》记载完全吻合，可补

正史之缺。因此，该碑对研究宋史及宋代封禅大典具有较高的史料价值。此外，岱庙配天门西南还有一通《大宋东岳天齐仁圣帝碑》，龟趺螭首。这是1013年真宗加封泰山为"天齐仁圣帝"的记事碑。

《大宋东岳天齐仁圣帝碑》又名《祥符碑》，碑阳刻文。翰林学士晁迥撰文，尹熙古行书并篆额。

该碑是宋真宗1011年将泰山神由"王"晋封为"帝"之后所立。碑文叙述了自唐玄宗至宋真宗不断为泰山神追加封号的经过，以及真宗封泰山、谢天书后的重大变化。

《大宋东岳天齐仁圣帝碑》形制雄伟，气势非凡，立于岱庙正阳门内西碑台上，与岱庙炳灵门外的《宣和重修泰岳庙碑》东西相对，被称为是岱庙两大丰碑。

据以往统计，泰山现存宋代碑刻37通，其中铭文为行书的17通：《青帝广生帝君赞碑》《加青帝懿号诏碑》《大宋封祀坛颂碑》《大宋天贶殿碑》《大宋天齐仁圣帝碑》《李公颜金像记碑》《楞严经偈语碑》《灵岩寺崇兴桥记碑》《五苦颂碑》《净照和尚诚小师碑》《韩夫人游灵岩寺碑》《升元观敕牒碑》《蔡安特题诗碑》《回回翁题诗刻石》《陈恬题诗碑》《妙空禅师题诗碑》《宋居卿题诗碑》。另有《大观圣作碑》为瘦金体，《苏轼题黄茅岗诗碑》为草书，《朱济道题诗碑》为篆书。其余17处为楷书，仅占宋代碑刻总数的43.2%。

知识点滴

明清将石刻推向高潮

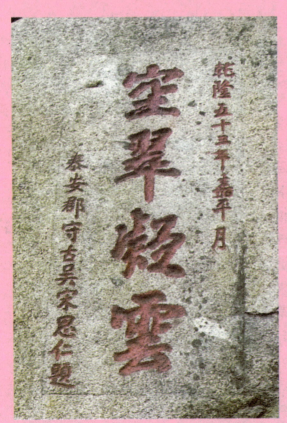

我国明、清时期,是封建社会由鼎盛逐步走向衰亡的历史时期。

在这种社会环境下,各种形式的石刻均得以大量使用,涉及的内容广泛,但均属沿袭,创新者无几。

明太祖朱元璋《去东岳封号碑》立于1370年。碑载:"自唐始加神之封号,历代相因至今。"

朱元璋认为,"因神有历代之封号,予起寒微,祥之再三,畏不敢效。盖神与穹同始，灵镇一方，其来不知岁月几何，神之所灵，人莫能测；其职受命于上天后土，为人君者何敢预焉。惧不敢加号，特以'东岳泰山之神'名其名，以时祭神，惟神鉴之。"由此看出朱元璋对泰山神封号思想的认识和改革。

该碑立于岱庙天贶殿院西碑台上，碑文保存尚好。

明《洪武祭祀碑》立于1377年。碑阳刻文，正书。该碑为明太祖朱元璋亲撰碑文，遣臣李文忠、吴承舆、邓子方为代表祭祀泰山神而立的碑。碑文通俗无华，概括凝练，是明太祖朱元璋祭祀泰山神的历史见证。立于岱庙天贶殿西南侧，碑文保存尚好。

到了清朝，康熙皇帝东巡3次到泰山，两次登临岱顶。第一次来泰山是在1684年。康熙祭泰山神仪式比较简单，只行二跪六叩礼，在山上烧了一堆柴火，仿照传说中帝舜的"柴""望"之礼。

康熙在御帐崖观飞瀑直泻，在岱顶抚摸无字碑挥毫赋诗：

岩岩岱岳高无极，攀陟遥登最上头。
路转天门青霭合，峰回日观白云浮。
……
欲与臣邻崇实政，金泥玉检不须留。

康熙帝对百官说："朕向来崇尚时政，古人重金泥玉检，徒劳民力，实无意义，故此行只为巡查社会利病，省观民隐，体念黎民疾苦，问俗观风，以资勤求治理，决不效前人铭功纪德，告成于天也。"

听了皇帝的训喻，群臣山呼万岁，盛赞皇帝是至仁至圣的天子，德可比尧舜。

康熙帝随乘兴御题"普照乾坤"4字，并谕旨在"孔子小天下处"建亭悬额；复书"云峰"两字，令于大观峰极顶处勒崖。

康熙还下令刻有《重修岱庙碑》碑，螭首龟趺。此碑是岱庙最详细的记事碑，山东布政使施天裔撰书，碑中记载了在"康乾盛世"中大规模的修建活动。始自1668年，告成于1677年。

更为珍贵的是碑阴还附有"重修岱庙履历纪事"。其碑文把这次浩繁工程的经历时间，所费财力，所购材料，所栽树株，所建殿庑、斋堂、垣堞、楼观一一刻记，是一份珍贵的重修岱庙的档案资料。

乾隆皇帝到泰山的次数，在我国封建帝王中，可以说是首屈一指。从1748年陪母亲第一次登泰山，到1790年最后一次巡幸山东并登泰山为止，前后共11次，其中6次登上山顶，共留下颂岱诗84题，132首。摩崖与碑刻就有80余处。

在康熙帝题"云峰"刻石下面，是乾隆皇帝的"夜宿岱顶作"摩崖石刻。其《咏朝阳洞》摩勒在朝阳洞东北高耸的绝壁上：

> 迥峦抱深凹，曦光每独受。
>
> 所以朝阳名，名山率常有。
>
> 是处辟云关，坦区得数亩。
>
> 结构寄幽偏，潇洒开窗牖。
>
> 历险欣就夷，稍憩复进走。
>
> 即景悟为学，无穷戒株守。

乾隆一方面描写朝阳洞高旷幽静，坦区建屋，是赏景的好地方；同时又指出不能株守一地，仍须努力上达，更好的风光还在前头呢！

另外《谒岱庙诗碑》立于1757年，乾隆作诗并书。碑阴刻《谒岱庙六韵》，行书；碑阳刻《谒岱庙作》；碑侧刻《谒岱庙瞻礼作》。

碑文内容主要是谒岱庙、拜泰山神，表明乾隆皇帝并不举封禅，而是虔诚地为民祈福，称：

> 来因瞻岱宗，岱庙竭诚恭。
>
> 封禅事无我，阜安祈为农。
>
> 代天敷物育，福国赐时雍。
>
> 九叩申虔谢，八旬实罕逢。

《对松山诗》刻在对松亭对面溪东高崖上。也是乾隆帝写的颂岱诗。诗道：

岱岳最佳处，对松真绝奇。

古心谁得貌，变态不容思。

万嶂唯全碧，四时无改枝。

依稀俭羡辈，倚树研灵芝。

从泰山的石刻资料看，明清时期的石刻有以下几个特点：

第一，题词、题名、题记等石刻，明清达到极盛时期，反映了封建社会后期文人墨客的精神面貌。

第二，北宋以后各代，俗吏铲毁前代人题词、题记、题名的事屡有发生，而以明朝俗吏尤甚。究其原因，一是题词、题名、题记石刻发展至鼎盛时期，凡游泰山者，都想留下自己的墨迹；二是泰山可供题刻的自然石有限，所以只好在已有的石刻上再次刻石。

第三，清朝中后期，泰山周边各县百姓来泰山立"香火碑""还愿碑"者大增。

第四，就泰山而言，宋代碑刻铭文近半数为行书，其次为楷书，间或有篆书、草书、瘦金体，但无一例为隶书。这种情况在唐以后各代极为少见。

第五，北宋时期，题诗刻石始兴，极盛于清代。据统计，现存泰山的题诗刻石大都刻于北宋以后各代。

第六，北宋时期还出现了多处异常的摩崖石刻形制，即"竖写左读"，刻写仍是自上而下，读取则要"自左而右"。

泰山石刻荟萃中华文化

泰山石刻主要包括历代帝王封禅告祭文，寺庙创建重修记，石经墓铭，颂岱诗文，题景及楹联等5类，大部是自然石刻。其文字既有洋洋数千言的鸿篇巨制，也有一字之惊，既有帝王御言，也有黔黎之说。

其形式有雄伟高大的"万丈碑"，也有盈尺小碣，既有龟遗失螭首、精雕细磨之作，也有粗犷片石之刻。其书法艺术，既有真草隶篆，也有四体揉融；既有如斗大字，也有蝇头小楷；既有古拙若痴者，也有龙飞凤舞者；

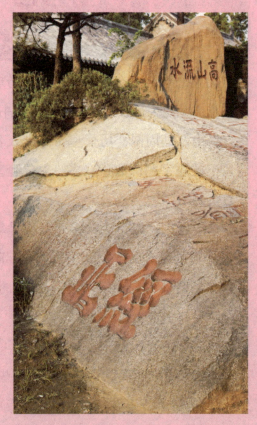

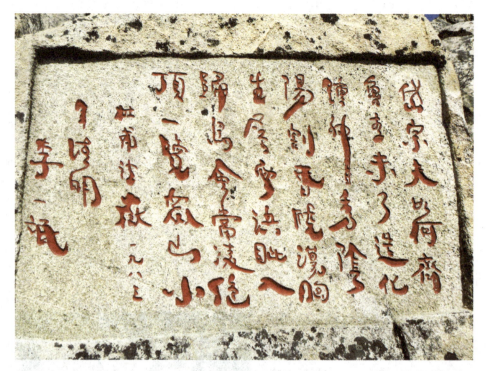

既有大家之手，也有石匠之书。真乃瑰丽多姿，把泰山装点得更加庄严典雅，无愧为最壮观的"中国天然书法展览"。

泰山及其周围，历代皇帝和文人名士如苏轼、蔡京、康熙、乾隆等留下的题字题诗数量众多，仅乾隆皇帝就在泰山及其周围留下了几十首御制题诗。

这类题刻，以诗为最多，其次是颂文题句。著名的诗刻有唐代大诗人杜甫的《望岳》，北宋文学家苏轼的《黄茅岗》，其弟苏辙的《题灵岩寺》，明代文学家于慎行的《登岱六首》，诗人崔应麒的《题晒经石水帘》。

颂文有泰安知府朱孝纯撰书的《泰山赞碑》，陈昌言《汉柏图赞碑》，袁家普题《高瞻远瞩》等。这些名人佳作，与山川竞美争辉。

《望岳》诗碑是1784年清代泰安知县何人麟草书：

岱宗夫如何？齐鲁青未了。

造化钟神秀，阴阳割昏晓。

荡胸生层云，决眦入归鸟。

会当凌绝顶，一览众山小。

　　这首五言古诗是《杜甫诗集》中最早的作品，着意描写泰山的雄伟和灵奇秀美。书写如行云流水。潇洒自如。存于岱庙东碑廊内。

　　宋神宗元丰元年（1078年）间，苏轼与好友一起登云龙山饮酒而醉，经黄茅冈时体力不支，因卧于石上，并唱出醉酒七句诗《黄茅岗》：

醉中走上黄茅岗，满岗乱石如群羊。

岗头醉倒石作床，仰观白云天茫茫。

歌声落谷秋风长，路人举手东南望，

拍手大笑使君狂。

　　草书如水流瀑泻，豪放潇洒与其词相融，浑然一体，颇富新意，为泰山石刻草书中之珍品。其弟苏辙的《题灵岩寺》诗与苏轼的《黄茅岗》诗同刻在灵岩寺。

　　《泰山绝顶对酒》是明代诗人于慎行于1592年和次年两次登岱，留下的6首诗。诗碑均在凌汉峰前三阳观旧址，其中《泰山绝顶对酒》构思新颖，楷书规整庄雅：

茫茫今古事，欲问岱君灵。

汉柏虚称观，秦松枉勒名。

此生游已倦，何地酒能醒。

杖底千峰色，依然未了青。

其诗用对比衬托的手法称颂泰山的无限风光，并借酒反映作者悲观厌世的情绪和对现实的态度。

《题晒经石水帘》诗刻于1591年，崔应麒登泰山游经石峪诗：

晒经石上水帘泉，谁挽银河落半天。

残月控钩朝挂玉，长风吹浪夜疑烟。

梵音溅沫高还下，曲涧流云断复连。

选胜具觞恣幽赏，题诗愧乏笔如椽。

这是一首七言律诗，刻在经石峪西侧的巨石上。经石之北，有大石横亘，下有崖隙，旧时溪水自短崖下泻，点缀如珠，故称水帘。该诗一气呵成，其水帘、幽谷、铭刻相映争辉，如行云流水，似龙飞凤

舞，为泰山增辉加色。

《岱宗颂》刻在对松亭南路西石壁上：

> 岩岩气象岱宗开，五岳首推信壮哉。
>
> 势接沧溟藏雨露，形连霄汉起风雷。
>
> 千丛脉秀龙鳞树，万丈骨高虎卧台。
>
> 策杖重游堪纵目，盘桓懒去问蓬莱。

作者任克溥欣赏泰山的岩岩气象和对松山的云壑松涛等风景，迷恋泰山的一草一木，竟连蓬莱仙岛也不愿意去了。

《泰山赞碑》立于1775年，清泰安知府朱孝纯撰书。碑阴刻泰山全图。碑文完好无缺，比较概括而完整地歌颂了泰山的雄伟壮丽和古老文明。

序称："盖夫泰山者，上应角亢之精，下据青兖之封。综万物而交代，冠五岳以独宗……"另有赞语。碑文书体为隶书，端雅秀丽，隶中有篆，变化多端，实为岱庙碑刻隶书之杰。立于岱庙配天门西侧。

颂岱题词、题景咏物石刻自山麓至岱顶，自岱阳至岱阴，道旁崖壁，谷壑峰峦，处处皆是。

颂岱题词自山麓至岱顶，知名的有："孔子登临处"。戴玺于1565年行书"登高必自"。

万仙楼之北。济南名士刘廷桂于1899年隶书"洞天福地"及正书之谜"虫二"。关于"虫二"的来历，民间还有一些传说，刘廷桂在与朋友游览泰山时，谈到杭州西湖的那座"风月无边亭"，刘廷桂有些不以为然，认为泰山景色峻拔奇峭，松壑云深，才是真正的"风月无边"。于是，为了与杭州的"风月无边亭"有所区别，刘廷桂在书写这幅作品时，有意舍弃了两字的部首，只写了字芯，这便有了"虫二"之谜。

五松亭及朝阳洞一带。明山东按察使吴丈华于1571年书"发育万

物，峻极于天"，清山东巡抚法敏于1739年楷书"维天东柱"，宋思仁于1788年行书"空翠凝云"，孔庆镕于1814年正书"群峰拱岱"，升福于1856年行书"栏环翠秀"，裕德于1889年正书"抚松盘桓"。

岱顶。山东巡抚王国昌于1699年正书"雄峙天东"，宝清于1841年隶书"拔地通天"，泰安知县玉构于1907年正书"五岳独尊"，辛耀文于1908年正书"昂头天外"等。

题景咏物岱麓至后石坞知名的有：

岱阳王母池，西王母之醴泉"王母泉"，小虬被吕祖点化成龙后的龙窝"虬仙洞"。

五贤祠，巨石如卧象的"卧象石"，北宋泰山书院传授儒家经典的一处"讲经台"，象征孙复先生如磐石不屈的"景贤石"，象征学者石介师事于先生而常恭伺侍立左右的"侍立石"等。

泰山楹联石刻主要分布在泰山景区内的石坊、石亭、庙宇及门洞等。这些楹联的内容主要是揭示景点的特点、歌颂人物的功德、劝学劝善等。

泰山楹联石刻知名的坊联有岱庙坊、玉皇阁、天阶坊、红门宫等。亭联有普照寺筛月亭、五贤祠洗心亭、黑龙潭西溪石亭、经石峪高山流水亭、云步桥酌泉亭等。

岱庙坊的正面,是清康熙年间山东布政使施天裔书联:

峻极于天,赞化体元生万物;
帝出乎震,赫声濯灵镇东方。

背面山东巡抚赵祥星题书:

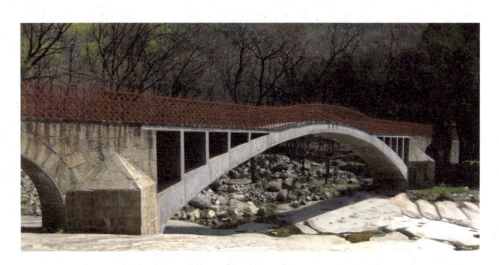

为众岳之统宗，万国具瞻，巍巍乎德何可尚；
拯群灵之总摄，九州待命，荡荡乎功埶于京。

玉皇阁坊联为清乾隆年间泰安知县冯光宿书：

庙貌巍峨威镇千山灵佑；
神光普照恩敷万国咸宁。

天阶坊坊联为明嘉靖年间巡抚、山东监察御史高应芳题书："人间灵应无双境；天下巍岩第一山。"

红门宫坊联是清康熙年间题书："万壑泉声沉宝磬；千峰云影护禅关。"红门宫东临中溪清泉，西依丹壁悬崖，处在千峰云影之中，泉声与宝磬声断续悠扬，回荡于山谷中。

普照寺筛月亭四周皆有联：亭南侧清道光年间泰安知县徐宗干题："引泉种竹开三径；援释归儒近五贤。"北侧沈毓寅题："收拾岚光归四照；招邀明月得三分。"东侧王清黎题："高筑两椽先得月；不安四壁怕遮山。"西侧东野崇阶题："曲径云深益种竹；空亭月朗正当楼。"

五贤祠洗心亭南侧清赵起鲁题："碧间潺湲溯游道脉；苍岩巉岏卓立儒修。"北侧蒋大庆题："艮止坎流会心不远；言坊行表即目可寻。"东为周桐题："秋月清光凝碧涧；春风余韵满烟萝。"西为贾培荣题："真山水不须图画；大圣贤皆自奋兴。"亭内为金棨题："云过峰头流墨气；水来祠畔度书声。"

黑龙潭西溪石亭北侧清光绪年间玉构题联："龙跃九霄云腾致雨；潭深千尺水不扬波。"

经石峪高山流水亭北侧明万历年间山东巡抚钱岱题联："天门倒

泻一帘雨；梵石灵呵千载文。"

云步桥酌泉亭西侧有双联，外联清宣统年间刘振声题："风尘奔走，历尽艰辛思跪乳；因果研究，积成功德敢朝山。"内联刘光照题："跋险惊心到此浮云成幻梦；登高极目从兹俗虑自销沉。"

亭内三面也有联，东为刘光启题："曲径通幽处；连山到海隅。"西为段友兰书："断崖瀑落晴天雨；一线路入青冥端。"北为自称种庶老圃题："且依石槛观飞瀑；再渡云桥访爵松。"

遍布泰山上下的各种石刻楹联，一处接一处，一联接一联，引导着人们渐入佳境，使人仰观俯察，进一步认识泰山的真面目。

知识点滴

"虫二"，是泰山刻石中为数不多的字谜之一，它是繁体字"風"和"月"的字芯。即繁体字的"風"字，去掉里边的一撇和外面的边儿，就剩个"虫"字；"月"字去掉四周的边儿就剩下个"二"字。

寓意为"风月无边"，所表现出来的真正内涵，是说泰山风光的幽静秀美和雄浑深远，这样的书法构思可谓精深独特，别出心裁。寓意中的"风月"，是清风明月之意，指景色清雅秀丽。《褚彦·回传》中有"初秋凉夕，风月甚美"之句，"无边"是指眼前的一切景物都在云盘雾绕之中，引伸得非常远。以当代人的眼光看，这副刻石，应该是现实主义与浪漫主义相结合的佳品，具有非常丰富的审美价值。